许敏霞◎编著

向阳而生
成就未来

托幼机构保育员专业发展的创新实践

华东师范大学出版社
·上海·

图书在版编目(CIP)数据

向阳而生　成就未来:托幼机构保育员专业发展的创新实践/许敏霞编著.—上海:华东师范大学出版社,2025.—ISBN 978-7-5760-5855-0

Ⅰ.G615

中国国家版本馆 CIP 数据核字第 2025Z0J954 号

向阳而生　成就未来
托幼机构保育员专业发展的创新实践

编　　著　许敏霞
策划编辑　彭呈军
责任编辑　吴　伟
责任校对　王　晶
装帧设计　卢晓红

出版发行　华东师范大学出版社
社　　址　上海市中山北路3663号　邮编 200062
网　　址　www.ecnupress.com.cn
电　　话　021-60821666　行政传真 021-62572105
客服电话　021-62865537　门市(邮购)电话 021-62869887
地　　址　上海市中山北路3663号华东师范大学校内先锋路口
网　　店　http://hdsdcbs.tmall.com

印　刷　者　上海昌鑫龙印务有限公司
开　　本　787毫米×1092毫米　1/16
印　　张　12.75
插　　页　6
字　　数　209千字
版　　次　2025年4月第1版
印　　次　2025年4月第1次
书　　号　ISBN 978-7-5760-5855-0
定　　价　58.00元

出版人　王　焰

(如发现本版图书有印订质量问题,请寄回本社客户中心调换或电话021-62865537联系)

我们始终以幼儿为中心，倾听他们的声音，尊重他们的节奏；践行科学保育，用专业与温度守护幼儿成长的每一步；推动保教融合，让关怀与教育自然交织，滋养健康、智慧与快乐。

保育员的专业素养直接决定着保育服务的质量，
他们承担着保障幼儿生存发展权益、提升幼儿生活品质的重任。

我们以多层次、沉浸式的交流研讨、专项学习赋能团队，激发保育员学习的主动性，让每位保育员都成为"反思型实践者"。

一对一带教

集体展示

"师徒带教＋集体观摩"的双轨培养模式，能够丰富保育员的实操细节，这种点面结合的方式，既传承宝贵经验，又共享创新方法，持续推动保育服务质量的优化升级。

保育员技能大赛

日常实践学习

我们注重"在做中学"的保育培训实践,将理论知识与实践技能有机结合,确保每位保育员都能提供规范、专业的照护服务。

我们的分层式园本培训一直从"向上引领"和"下沉指导"两个方向展开。保教管理者深入培训一线，通过跟岗指导、即时反馈、个性化点评等方式，为保育员成长提供全过程专业支持。在一日生活中，保教管理者不仅示范标准化操作流程，更通过持续观察与动态评估，帮助保育员精准把握每个照护细节的质量要点，实现"学—做—思"的良性循环。

在培训中,我们通过"中托学术节"平台为表现优异的保育员颁发荣誉奖项。这不仅是对个人专业能力的肯定认证,更是对"匠心保育"精神的崇高礼赞。

从专注的理论学习到规范的实操演练,从管理者的悉心指导到团队的互动研讨,保育员日常保教实践中的每一个细节都定格着他们专业提升的坚实脚步,都诉说着保教融合的匠心传承。

生活中的照护

托班保育的核心在于将科学的生活照护与自助能力培养有机结合,在每日生活常规中渗透教育智慧。

可尝试的自助环境

在小班保育实践中，我们通过生活化情境创设和可视化细节提示，将保育环节转化为幼儿主动学习与习惯养成的教育契机。

牛奶打卡

自助擦脸

我会洗手

关注个性需求

使用骨碟

我是值日生

自主擦汗

在中大班保育实践中,我们注重培养幼儿的自主管理能力和同伴互助精神,通过创设支持性环境和引导策略,让幼儿成为生活的小主人。

序

保育员是托幼机构中不可或缺的重要成员。随着学前教育事业的快速发展,对保育员工作的专业性要求在不断提高,保育员不仅是孩子们日常生活的照料者,更是教育过程中的积极参与者和支持者。围绕着如何深度理解和实现这一要求,本书作者组织课题组进行了研究。

研究工作的第一步是对上海市托幼机构开展实地调研,其结果揭示了当前保育员队伍在年龄结构、工作压力、职业认同、专业素养提高等方面存在着不少问题与困难。究其原因,主要与原有的保育工作定位仅限于日常照护有关。

课题组根据保育工作新的定位,针对这些问题开展了全面的研究,形成了有关保育工作和保育员的职业特征、责任担当、职业道德和专业能力等的理性认识和具体要求,以及为达到要求的行动建议:通过提升保育员队伍的专业水准,促使保育工作提升到专业化水平,这是本书第一章的内容。

紧接着,研究工作围绕探索和实践保育员专业化发展的路径这一重点展开,即本书第二、三章的内容。这部分研究成果的创新之处在于提出了分层式园本培训体系的实践模式,这也是本书最精彩的部分。这种培训模式充分考虑保育员职业发展阶段(职初期、发展期和成熟期)的特点以及个体差异,努力实现培训内容、方法与保育员需求的良好对接。实践证明这有效提升了培训的针对性与实效性。

在培训实施策略方面,书中详细介绍了线上与线下融合、实践操作与案例分析结合、小组合作与集体展示互补、专项学习与日常浸润交融等做法。这不仅丰富了培训的内容与方式,更激发了保育员的学习积极性与主动性。此外,从园(所)本出发构建了过程性反馈与评价措施,通过自评、互评、导师评等多种评价方式,确保了培训质量的持续优化与提升。

书中提供了分层式园本培训的实践案例,从中可以看到保育员们在培训中不断成长,并且形成学习共同体。这些实践案例不仅为其他托幼机构提供了学习资源,也为学前教育领域的研究者与实践者提供了新的思考与启示。

对于读者而言,本书是一本理论与实践并重的专著。无论是托幼机构的管理者、保育员,还是学前教育专业的学生、研究者,都能从本书中获得有益的启发与指导。

本书是作者领衔的上海市教育科学研究项目"基于教养融合的保育员分层式园本培训体系建构的实践研究"的成果。作者与她所在的中国福利会托儿所一直站在改革的前端,以研究的态度对待改革中的各项工作,既取得了优秀的改革成果,也大大提升了自身的专业素养。这是非常值得我们学习的。

2025 年 3 月

前 言

进入新时代,人民群众对美好生活的需求日益增长,对高质量教育的期待更加迫切,促进"幼有善育"的重要性在新的发展阶段更为凸显。上海学前教育要进一步深化内涵建设,确立"幼儿发展优先"的理念,以幼儿为主体聚力幼儿的整体发展、主动发展、差异发展,为其成为终身学习者奠定基础。近年来,随着《托育机构保育指导大纲(试行)》以及《幼儿园保育教育质量评估指南》等文件的颁布,保育工作的重要性与地位不断凸显,保育要与教育紧密结合,实现保中有教、教中重保、自然渗透、教养合一。

在幼儿成长的黄金时期,托幼机构作为孩子们接触的第一个小社会,承载着无尽的希望与责任。在这里,每一位保教人员都是孩子们成长道路上的重要引路人,而保育员作为这一群体中至关重要的一员,他们的角色远远超越了简单的日常生活照料者,他们更是幼儿身心健康发展的守护者,承担着保障幼儿生存发展权益、提升幼儿生活品质的重任,因此他们的专业素养、教育理念以及工作态度,会对孩子们的身心健康和成长产生不可估量的影响。

在这样的背景下,中国福利会托儿所(以下简称"中托")一直站在时代的角度,以"加强科学研究"为工作方针,依托上海市教育科学研究项目"基于教养融合的保育员分层式园本培训体系建构的实践研究"的课题,对保育员的专业发展路径进行了深度探索。本书正是在这样的背景下应运而生。

本书从实践思路、实践内容、实践成效三个方面,对中托多年的实践研究与探索成果进行了梳理和呈现。

第一章关注保育工作与保育员专业化发展,详细剖析了保育工作的核心使命与理念,强调了以幼儿为中心、科学保育与保教融合的重要性,对保育员的职业特征、责任担当进行了全面梳理。同时基于实际的现状调查,总结了保育员专业化发展的现状与挑战,为后续分层式专业化发展的创新思考提供了现实依据。

第二章关注保育员分层式园本培训体系的实践,是整本书的核心部分,明确了保育员分层式培训的内涵与层次划分,设计了针对性的培训内容与模式。此外,本章还通过丰富的培训案例,展示了不同阶段保育员培训体系的建构实践,为读者提供了可操作的实践经验。

第三章关注保育员分层式园本培训的成效,通过保育员专业成长故事的呈现、保育实践课程故事的展示以及保育员个人建立专业发展自觉意识的描述,充分展示了保育员分层式园本培训体系建构的实践成果。

在深入探讨保育员专业发展的过程中,本书不仅注重理论层面的构建,更强调实践中的创新与落地,形成了独具特色的内容:

首先是理论与实操并重。本书既为保育员的专业发展提供了理论依据,又为其实际工作中的角色定位与职责履行提供了清晰的指导,使其既具有学术深度,又具备实践指导意义。

其次是分层进阶式培训体系。本书根据保育员的不同发展阶段(职初期、发展期、成熟期),设计了具有针对性的培训内容与模式,能够满足不同阶段保育员的学习需求,帮助他们在职业发展的各个阶段获得有效的支持与提升。

然后是多元化创新培训模式。本书提出了多种培训模式,旨在激发保育员的探索兴趣,实现持续学习与提升,为保育员的专业成长提供灵活且高效的支持。

最后是真实案例与经验分享。本书通过丰富的实践案例和保育员的成长故事,生动展现了分层式培训体系的实施效果,展现了保育员在职业发展中的心路历程与自我突破,从而激发保育员对职业发展的自觉意识与内在动力。

本书为保育员的专业发展提供了多层次的支持,帮助读者在不同场景中灵活运用书中的内容。以下几种使用方式供大家借鉴:

第一,作为理论参考。对于从事幼儿教育研究的学者,本书提供了关于保育员专业发展的理论框架和实践思路,可以作为研究参考,帮助读者深入理解保育员职业发展的现状与挑战。

第二,作为实践指导。对于托幼机构的管理者,本书提供了详细的培训体系设计和实施案例,可以作为实践指导手册,帮助机构制定和实施保育员培训计划,提升保育团队的整体素质。

第三,作为培训教材。对于保育员或者从事保育员培训的教育工作者,本书的分层式培训内容和多元化培训模式可以作为学习或培训教材,为学习者、培训者提供丰富的教学资源与思路。

第四,作为个人成长指南。对于保育员个人,本书通过专业成长故事和实践案例,提供了自我反思和职业发展的参考,帮助保育员明确个人发展方向,提升专业素养。

本书是我们对保育员专业发展路径深度探索的智慧结晶,它承载着我们对保育教育事业的热爱与执着,以及对孩子们美好未来的深切期盼。愿本书能够为保育员的专业成长提供有力的支持,共同推动幼儿教育事业的进步与发展。

许敏霞

2025年2月

目 录

第一章 保育工作与保育员专业化发展 /1

第一节 保育工作的使命与理念 /3
  一、保育工作的使命 /4
  二、保育工作的理念 /5

第二节 保育员的职业特征与责任担当 /8
  一、保育员的职业特征 /9
  二、保育员的责任担当 /11

第三节 保育员专业化发展的现状与挑战 /13
  一、保育员专业化发展的现状 /14
  二、保育员专业化发展的挑战 /19

第四节 保育员分层式专业化发展的创新思考 /21
  一、构建系统性的分层培训体系 /22
  二、优化针对性的分层培训方案 /23
  三、建立全面的过程性反馈与评价路径 /23

第二章 保育员分层式园本培训体系的实践 /25

第一节 保育员分层式园本培训体系的设计 /27
  一、保育员分层式培训的内涵 /27
  二、保育员分层式园本培训的层次划分 /28
  三、保育员分层式园本培训的内容架构 /29

　　　　四、保育员分层式园本培训的模式 / 31
第二节　不同阶段保育员培训体系的建构实践 / 34
　　　　一、职初期保育员的培训体系 / 34
　　　　二、发展期保育员的培训体系 / 67
　　　　三、成熟期保育员的培训体系 / 86
第三节　保育员分层式园本培训的反馈评价机制 / 101
　　　　一、保育员培训评价的内涵 / 101
　　　　二、保育员培训评价的实践 / 102
　　　　三、保育员培训评价的要点 / 126
第四节　保育员分层式园本培训的实施策略 / 128
　　　　一、管理驱动：确保培训持续稳健发展 / 128
　　　　二、实践导向：推动培训高效运作进程 / 132

第三章　保育员分层式园本培训的成效 / 137

第一节　保育员队伍的保教融合专业技能得到了显著提升 / 139
　　　　一、保育员专业成长故事的呈现 / 139
　　　　二、保育实践课程故事的展示 / 144
第二节　保育员个人建立专业发展的自觉意识 / 151
　　　　一、保育员个人发展方向的明确 / 151
　　　　二、保育员自我反思意识的优化 / 157
第三节　保育团队成长为学习共同体 / 171
　　　　一、保育管理者的专业引领 / 171
　　　　二、培训参与者的协同发展 / 175

附　录 / 179

第一章

保育工作与
保育员专业化发展

---

* 参与本章撰写的老师有程丹、高宁宁、张晶、范宇。

保育工作是幼儿园的基础性工作,是保障幼儿生存与发展权利的重要手段,对于促进幼儿身心全面和谐发展具有至关重要的作用。[①] 在托幼机构中,保育工作是实施生活教育的核心,它不仅帮助幼儿掌握基本的生活自理技能,还促进其社会交往能力的提升。作为幼儿园教育体系的必要组成部分,保育工作为其他教育教学活动的顺利开展奠定了坚实的基础,它如同稳固的支撑结构,默默推动着整个托幼机构教育体系的构建与发展,并在幼儿成长的关键时期展现出无可替代的影响力和独特价值。

保育工作的使命赋予保育员明确的职业目标和方向,保育工作的理念则为保育员提供了一套价值观念和行为准则。在高度专业化的幼儿教育领域,保育员的使命和理念不仅是个人职业发展的驱动力,也是提升教育服务质量、实现保教目标的关键。通过不断强化使命感和理念,保育员能够更好地响应教育改革的要求,为幼儿提供一个充满爱、尊重和挑战的成长环境,从而为他们的终身学习和全面发展奠定坚实的基础。

第一节 保育工作的使命与理念

在婴幼儿的早期教养过程中,保育工作是一个关键的枢纽,紧密联结着婴幼儿成长的多元维度,深刻影响其发展轨迹。保育工作肩负着双重核心使命。其一,关乎幼儿生存发展权益与生活品质的跃升。学龄前儿童身心稚嫩,生理机能脆弱,心理及社会性发展依赖成人。保育工作通过精心调配饮食、规范作息、组织体育活动及落实健康防护,为幼儿身体发育筑牢壁垒,且以温情关怀助力其心理安全感与社会信任感的构建,完成从家庭到托幼机构养育的平稳过渡。其二,聚焦保育实践优化与保教质量提升。保育是保教活动的根基,为教学提供支撑与内容,在学前教育高质量发展的浪潮下,推动保育员走向专业化也是现实需求。同时,新时代保教融合的教育理念也要求我们通过"保教结合"助力幼儿的社会适应与个性塑造。

---

① 宋蓉.幼儿园保育价值的失落与回归[J].学前教育研究,2020(08):89—92.

与之相伴,保育工作应秉持先进理念:以幼儿为中心,尊重其权利天性,依年龄与个体差异提供照护和教养;科学导向,遵循科学的流程与方法,持续学习更新;保教融合,打破二元体制,实现纵横整合,凝聚推动幼儿全面发展的强劲动力。

一、保育工作的使命

(一) 保障幼儿生存发展权益,提升幼儿生活品质

《儿童权利公约》明确指出,儿童享有生存权和发展权,并要求所有相关决策和行动均以儿童的最大利益为首要考量。学龄前儿童正处于身心成长的关键时期,对成人具有较强的依赖性,其生理、心理及社会性发展均处于构建阶段。在生理层面,幼儿身体机能尚未完全成熟,免疫力较弱,易受疾病和外界不良因素影响。保育工作通过提供均衡饮食、规律作息及适宜的体育活动,确保幼儿获得充足的营养、睡眠和锻炼,促进其身体健康发展。同时,保育工作采取严格的健康监测和预防措施,为幼儿创造一个安全卫生的生活环境;在心理和社会性发展方面,也推动幼儿通过与父母、教师和同伴的互动,建立安全感和信任感,这是其社会性发展的基础。保育工作通过精心照料和关怀,缓解幼儿入园焦虑,帮助他们建立良好的人际关系,快速适应园所生活。保育员的专业指导和陪伴,使幼儿感受到集体的温暖,增强对集体的认同感和归属感,实现从家庭到托幼机构养育职能的平稳过渡。[①]

因此,保育工作通过提供安全的环境、充足的营养、良好的生活习惯培养及积极的人际关系指导等,切实保障幼儿身心健康发展,为他们筑牢全面发展的根基。在这样的环境中,幼儿能够茁壮成长,不断提升生活品质,为未来的人生道路奠定坚实的基础。

(二) 优化保育实践,推动保教质量全面提升

20世纪60年代以来,幼儿保育在全球范围内受到重视,保育既是托幼机构教育

[①] 蒋烨琳,王国超.身份区隔与认同危机:教育高质量发展背景下保育员职业价值研究[J].陕西学前师范学院学报,2023,39(05):97—106.

工作的应有之义,也是托幼机构开展其他教育教学工作的基本前提,为各项活动提供了坚实的基础。随着学前教育的高质量发展,对保育员的专业化也不断地提出了更高要求,《"十四五"学前教育发展提升行动计划》明确提出要"全面提升保教质量",强调了保育员在幼儿园教育中的角色,要求深化幼儿园教育改革,全面推进科学保教。①2022年,教育部印发《幼儿园保育教育质量评估指南》,旨在建立健全教育评价制度,促进学前教育高质量发展,这也意味着对保育员的专业能力提出了更高的期待和要求。② 有研究指出,保育员专业化是学前教育发展的必然趋势,保育员的专业素养直接影响幼儿园的保育质量。③

为了全面提升保教工作质量,保育工作必须不断优化其实践模式。一方面,保育工作应更加注重与教育的融合。传统的保育工作往往侧重于对幼儿的照顾和保护,而在新时代的背景下,保育工作应更加注重将教育内容融入幼儿的日常生活之中,通过寓教于乐的方式激发幼儿的学习兴趣,培养他们的探索精神和创新能力。另一方面,保育工作应不断提升其专业化水平。保育员作为幼儿成长道路上的重要引导者,其专业素养直接影响到保育工作的质量和效果,这主要体现在能否为幼儿提供高质量的保育和教育服务上。

二、保育工作的理念

(一) 以幼儿为中心

保育工作的核心是幼儿,一切工作都要以促进幼儿的身心健康和全面发展为出发点。对国内外婴幼儿保育和教育的发展历史进行梳理发现,坚持以婴幼儿为中心,尊

---

① 中华人民共和国教育部."十四五"学前教育发展提升行动计划[EB/OL].(2021-12-14)[2023-05-04]. http://www.moe.gov.cn/srcsite/A06/s7053/202112/t20211216_587718.html.
② 中华人民共和国教育部.幼儿园保育教育质量评估指南[EB/OL].(2022-02-10)[2023-05-04]. https://www.gov.cn/zhengce/zhengceku/2022-02/15/content_5673585.htm.
③ 张哲,栾文艳.近十五年我国保育员专业化发展的研究综述[J].现代教育科学,2016(07):132—136.

重和保护婴幼儿的权利,以婴幼儿为本,是婴幼儿保育和教育发展的一大趋势。①2021年,我国卫健委印发的《托育机构保育指导大纲(试行)》中指出,保教人员的工作应当遵循尊重儿童、安全健康、积极回应、科学规范四项基本原则,其中尊重儿童是首要原则。②《幼儿园保育教育质量评估指南》中,"支持"一词被强调了14次,凸显了教育部对儿童权益的坚定维护,传递出其捍卫儿童地位的决心,以及对提升儿童福祉和教育体验的重视。

幼儿与生俱来具有探索精神,渴望通过感知和操作理解周围环境,他们乐于尝试新事物,通过游戏、模仿和互动来学习新知识、发展新技能。③ 幼儿中心理念强调在保育工作中,始终以幼儿的需求、兴趣和发展为中心。这一理念要求保育员深入了解每个幼儿的个性特点、兴趣爱好和发展水平,为他们提供个性化的关怀和教育。同时,幼儿中心理念还强调尊重幼儿的主体地位,鼓励他们积极参与各项活动,发挥自身的主观能动性。在保育实践中,这意味着保育员需要关注幼儿的生活细节,全面掌握幼儿生活照护和教养方面的基础知识,如幼儿的营养需求、卫生习惯培养等方面的知识;从幼儿的视角出发,充分满足幼儿通过直观感受、动手操作和直接体验来积累经验的需求;此外,还应关注幼儿的个体差异,细致观察幼儿在一日生活中的行为表现,深入了解他们的体验和需求,评估幼儿在不同生活场景中的发展水平,以此优化保育实践。

(二) 强调科学保育

科学保育是保障幼儿健康成长的基础。世界卫生组织(WHO)赋予健康新的含

---

① 杨子萍.婴幼儿保育与教育[M].北京:中国人民大学出版社,2022.
② 国家卫生健康委.托育机构保育指导大纲(试行)[EB/OL].(2021-01-12)[2023-05-15]. http://www.nhc.gov.cn/rkjcyjtfzs/s7785/202101/deb9c0d7a44e4e8283b3e227c5b114c9.shtml.
③ 梁慧娟.儿童为本过程导向持续改进——聚焦过程质量的幼儿园保育教育质量评估[J].上海托幼,2022(04):14—16.

义：健康是身体、心理和社会适应的健全状态。① 也就是说，保育工作不再局限于满足幼儿的基本生活需求，如安全、清洁和营养，而是进一步扩展至个性塑造和良好生活习惯的培养。要将"教养医结合"的科学教育理念融入幼儿的日常生活，全面提升他们的心理发展和社会适应能力。

这一理念强调保育工作应遵循科学的原则和方法，以科学的态度对待幼儿的成长和教育。首先，保育工作要遵循科学的工作流程，严谨地按照相关的操作规范开展，确保幼儿的健康成长。这包括严格执行每日的清洁消毒规定，如定时开窗通风、使用规定浓度的消毒液擦拭幼儿园各区域、重点消毒厕所和卫生间，以及及时清洗和消毒餐具茶杯等用品，以创造一个卫生、安全的校园环境。其次，保育员要具备专业的知识和技能，了解幼儿的身心发展规律和学习特点，为他们提供适宜的教育环境和条件。在制订保育计划和活动时，依据儿童发展心理学、教育学和健康学等领域的研究成果，充分考虑幼儿的身心发展特点，合理安排一日工作流程，以满足他们的发展需求。最后，保育工作还要基于"证据"进行持续改进和优化。面对保育实践中的挑战和问题，我们应避免主观偏见，以客观的态度分析问题根源，并寻求科学的解决方案。基于对幼儿的深入了解，以科学的态度评估不同解决方案的效果，为幼儿的全面发展提供有力支持。

（三）注重保教融合

在18世纪工业革命的浪潮中，社会结构和家庭功能经历了重大变革，早期保育和教育机构主要为低收入家庭提供救济，关注基本的身体照料。随着工业化的推进，劳动妇女因工作无暇照顾孩子，导致工人阶级子女的养育问题成为突出的社会问题，促使慈善家和教会等建立起托儿所和孤儿院等儿童看护机构。这些机构与后来出现的、为中高收入家庭服务的幼儿园在多方面存在显著差异，形成了教育与保育二元服务体制。然而，随着学前教育事业的不断发展，人们逐渐认识到保育与教育并不是孤立存

---

① World Health Organization. Constitution of the World Health Organization. [EB/OL]. (2025-02-11)[2025-02-17]. https://www.who.int/about/governance/constitution.

在的,保育不再仅仅局限于对幼儿的身体照料和基本生活需求的满足,而是更加关注幼儿的心理发展、情感培养和社会适应能力的提升。同样,教育也不再仅仅停留于知识的传授,而是更加注重幼儿的全面发展,包括智力、情感、社会性等多个方面。

在这一背景下,保教融合的理念应运而生。它强调保育工作在满足幼儿基本生活需求和安全保障的同时,必须融入教育元素,实现保育与教育的有机结合。保育员和教师不再是各自孤立的角色,而是共同承担着幼儿的教育和保育责任。他们通过相互沟通、合作与互补,将保育与教育紧密地结合在一起,共同促进幼儿的全面发展。保教融合的理念体现在多个方面,如在日常的教育活动中,保育员和教师运用游戏、互动等方式,培养幼儿的认知能力、情感表达和社交技能。同时,注重观察幼儿的行为表现,了解幼儿的需求和兴趣,以此为依据调整保育计划和教育策略,确保每个幼儿都能在适合自己的节奏和方式下得到最适宜的成长支持。保教融合的理念为学前教育事业的发展提供了新的视角和思路,它为幼儿提供了一个既安全又富有教育意义的成长环境,让保育员和教师共同承担起幼儿的教育和保育责任,共同促进幼儿的全面发展。

第二节
保育员的职业特征与责任担当

保育员不仅是幼儿成长路上的守护者,也是幼儿教育事业中的重要力量。他们的工作虽然平凡,但却对幼儿的未来发展具有深远的影响。保育员的职业特征是定义保育员工作性质、职责范围和所需技能的独特要素,包括保育员的角色定位、保育员的职业道德和保育员的专业技能。保育员的责任担当明确了保育员的工作性质和所需技能,也展现了保育员职业角色中须承担的责任和义务。习近平总书记强调"要强化责任意识,知责于心、担责于身、履责于行"。对保育员而言,他们的工作不仅关乎幼儿的健康成长,也是塑造未来社会公民的关键。因此,保育员应将岗位责任精神转化为具体行动,致力于幼儿的全面发展,为培养有益于社会的新一代贡献力量。

一、保育员的职业特征

(一) 保育员角色定位的双重性

角色指的是个体在所属的社会群体中被赋予的身份,以及与其身份相符的行为规范。保育工作者的角色随着教育观念的变迁而不断发展。关于我国保育员的角色定位,存在三种主流观点:第一种视保育员与教师为并列关系,认为保育员应承担教师角色,参与教育活动。[1] 学者姜冬梅提出取消"幼儿园保育员"的标签定义,建议将从事幼儿教育和保育的人员一律称为幼儿教师,使原来的两教一保变为三教兼保,淡化教师和保育员的职责界限,缩小地位差异[2]。第二种认为保育员与教师是从属关系,即保育员是教师的助手,辅助教育活动和日常生活管理,这一角色定位体现在2016年的《幼儿园工作规程》中,其中指出"在教师指导下,科学照料和管理幼儿生活,并配合本班教师组织教育活动;在卫生保健人员和本班教师指导下,严格执行幼儿园安全、卫生保健制度"。第三种观点将保育员与教师视为交叉关系,强调保育员也是教育工作者,对幼儿发展有重要影响。

在这种观点的发展下,我们可以清楚地看到保育员角色定位的革新,保育员这一职业被赋予了新时代的内涵,其角色定位具有了鲜明的双重性,这种双重性主要体现在保育员既是幼儿生活的照料者,又是幼儿教育的实施者。作为照料者,保育员要负责托幼机构的清洁和卫生工作,为幼儿提供一个干净、整洁的生活环境,他们需要定期打扫教室、寝室、活动室等区域,并对玩具、教具等物品进行消毒处理,以防止病菌的传播。在此基础上要负责幼儿的日常起居,包括穿衣、吃饭、睡觉等基本生活需求的满足,他们要确保幼儿在园中的生活安全、舒适,并关注幼儿的身体健康状况,及时发现并处理幼儿的健康问题。作为教育者,保育员在照顾幼儿生活的同时,也承担着教育

---

[1] 任慧娟.由"保育员就是教师"想到的——幼儿园保育员角色探析[J].教育导刊,2006(01):3.
[2] 姜冬梅.幼儿园可否撤消保育员称谓[J].山东教育,2003(Z3):104—105.

的责任,他们要根据幼儿的年龄特点和个体差异,与班组一起制订相应的教育计划,并通过游戏、互动等方式,引导幼儿学习知识、培养技能。他们还需要关注幼儿的情感发展,与幼儿建立良好的师生关系,给予幼儿足够的关爱和支持,帮助他们建立积极的情感态度和社交能力,帮助幼儿形成健康的心理品质。此外,保育员还需要及时反馈幼儿在园的表现,为家庭教育提供育儿建议和指导,共同促进幼儿的全面发展。可见,新时代的保育员具有双重角色的特征,这种双重角色的融合,不仅丰富了保育员的职业内涵,体现了保育员工作的复杂性与专业性,也凸显了其在幼儿成长与教育过程中的不可替代性。

(二) 保育员职业道德的多样性

职业道德是从业人员在职业活动中必须遵循的行为准则与道德标准。对于保育员而言,其双重角色定位——既是幼儿的照顾者也是教育者,决定了其职业道德的多样性与复杂性。面对身心尚未完全发育成熟的幼儿,保育员所肩负的责任尤为重大,其职业道德的践行直接关系到幼儿的健康成长与全面发展。在保育工作中,保育员需展现出对幼儿的深切关爱与尊重,为幼儿提供温暖而细致的照顾,理解并满足他们的个性需求。同时,保育员还须坚守职业道德规范,展现出专业精神,确保保教活动的质量,与家长、同事以及其他教育工作者建立良好的合作关系,共同促进幼儿的成长与发展。具体而言,保育员职业道德的多样性体现在以下几个方面:爱岗敬业、热爱幼儿是第一准则,保育员须忠于学前教育事业,深刻理解并认真履行工作职责,以高度的责任心完成本职工作。他们应对幼儿充满爱心,耐心引导,悉心照料,让幼儿在集体的怀抱中感受到温暖与关怀;遵纪守法、为人师表是基本要求,作为教育者,保育员应自觉遵守国家的法律法规和幼儿园的规章制度,做到衣着得体、言行一致。他们须以身作则、严于律己,树立良好的榜样,为幼儿的发展起到积极的引领作用;积极进取、奉献社会是核心要义,保育员应不断学习教育学、心理学等相关知识,将理论与实践相结合,探索创新有效的保育方法,在保育实践中,要不断自我提升、自我完善,通过专业的保育工作为社会培养未来的栋梁之材。保育员职业道德的多样性是其职业发展的重要支撑,只有具备深厚职业道德底蕴的保育员,才能以更加饱满的热情、更加专业的态度投入幼儿教育事业中,为幼儿的健康成长贡献自己的力量。

(三) 保育员专业技能的适配性

保育员在托幼机构中扮演着至关重要的角色,他们不仅负责照管儿童的生活,还承担着儿童教育的重任。因此,保育员专业技能的适配性对儿童的健康成长和全面发展具有决定性影响。2009年发布的《国家职业技能标准:保育员》为保育员的职业能力设定了明确的标准,[①]也为保育员的专业能力提供了明确的指导框架。首先,保育员须深入学习和掌握教育学、心理学、卫生保健学、医学等专业知识,以及科学的照护方法,这些知识和技能构成了保育员专业技能的基础,为他们在实际工作中提供科学指导。同时,保育员还须根据儿童的个体差异,灵活调整教育方法和照护策略,确保每个儿童都能在适合自己的环境中成长。其次,保育员须具备良好的沟通能力和团队合作精神,他们需要与教师紧密协作,共同制定和实施教育计划,确保教育活动的连贯性和一致性。此外,保育员还须与医护人员保持密切联系,及时关注儿童的健康状况,共同为儿童的健康护航;为了不断提升专业技能的适配性,保育员还须积极参加各类培训和交流活动,不断更新自己的知识和技能。通过与其他保育员、教师和专家的交流,保育员可以借鉴他人的经验和做法,不断完善自己的工作方法和策略。保育员专业技能的适配性是实现儿童健康成长与全面发展的关键,只有岗位要求与专业能力高度匹配,保育员才能有效地履行自己的职责,为儿童的健康成长和全面发展提供有力的保障。

二、保育员的责任担当

我国《幼儿园教育指导纲要(试行)》的颁布,对保育员的工作职责和内容产生了深远的影响,推动了保育工作向更加全面、细致的方向发展。在新时代背景下,保育员不仅负责照顾幼儿的生理健康,还要关注幼儿的心理和社会性发展,实现了从传统的清

[①] 蔡丹艳.保育员专业化的对策研究[D].上海:上海师范大学,2011.

洁消毒等程序性工作到在幼儿一日生活作息各环节中实施保教融合性照护的转变,充分体现了保育员的责任与担当。

(一) 严格执行卫生保健制度,营造健康成长环境

与教师的专职教育工作不同,保育员的工作具有程序化和定量化的基本特征,要求保育员在日常工作中展现出极高的细致度和规范性。保育员须严格遵守托幼机构的安全、卫生保健制度,遵循幼儿的作息时间,维护环境卫生,保持活动室和卧室空气流通,确保环境舒适、整洁且温度适宜。此外,保育员需定期检查安全隐患,消除事故风险,对教玩具、设施和环境进行消毒和整理,为幼儿的健康成长提供坚实保障。

在环境安全管理方面,保育员需要定期检查园所内的设施设备,如滑梯、秋千等游乐设施,确保其稳固安全,无锐利边角。同时,他们还需要留意地面是否平整,有无积水、杂物等安全隐患,确保幼儿在活动过程中不会受伤;在清洁卫生消毒方面,保育员需要定期对幼儿的教玩具、餐具、毛巾等物品进行消毒处理,防止细菌、病毒等病原体的传播。此外,他们还需要保持活动室和卧室的空气流通,定期开窗通风,降低室内空气污染的风险;在健康监测管理方面,保育员要密切关注幼儿的身体健康状况,如体温、精神状态、食欲等,发现异常及时报告给班级教师或园所医生。同时,他们还需要记录幼儿的生长发育情况,如身高、体重等,为幼儿的健康成长提供数据支持。

(二) 细致照护幼儿日常生活,培养良好行为习惯

"生活即教育"的理念在保育工作中得到了充分体现。幼儿的一日生活包含入园、早操、进餐、如厕、盥洗、饮水、午睡等环节,每一个环节都承载着保育员照护与教育的重要职责。首先,保育员要根据幼儿的年龄和身体状况,合理安排各环节中的照护需求,如了解每位幼儿的饮食偏好、睡眠习惯等个体差异,提供个性化的生活照料。其次,保育员要注重其情感需求和心理发展,要通过拥抱等肢体语言,以及温柔的话语和眼神交流,给予幼儿充分的情感关怀。同时,保育员还要关注幼儿的情绪变化,及时给予安慰和鼓励,帮助幼儿建立积极的自我认知和情绪管理能力。最后,保育员要在幼

儿的一日生活中,抓住生活环节中的教育契机,培养幼儿的规则意识,如在入园时引导幼儿互相问好,如厕时引导幼儿排队等候等等,通过这些日常生活中的小事,逐渐培养起幼儿良好的行为习惯和道德品质。

(三) 紧密配合班级教师工作,提供全方位支持帮助

《幼儿园工作规程》强调保育员要与班级教师紧密协作,共同组织和实施教育活动。在新时代背景下,保育员的职责已远不止保障幼儿的安全和满足基本生活需求,他们还须与教师紧密配合,实施教育活动,确保教育活动的顺利进行,成为教育工作中不可或缺的"配班参教"。在活动前,保育员要细致检查活动场地与所需材料,确保环境的安全与适宜性,为教育活动的顺利进行奠定坚实基础;活动过程中,保育员要协助教师维持活动秩序,确保每位幼儿都能积极参与,在幼儿遇到困难时,要及时伸出援手,提供必要的帮助与指导,确保幼儿能在探索与学习中获得成就感;活动结束后,保育员要协助幼儿与教师一同整理活动材料,培养幼儿的责任感与自理能力;同时,保育员要积极参与活动后的反思与讨论,从自己的观察角度出发,为教师提供宝贵的反馈与建议,共同促进教育质量的提升。此外,在整个一日生活中,保育员还承担着反馈幼儿情况的责任,他们在照护的过程中,往往能第一时间发现幼儿的细微变化,倾听他们的心声,从不同视角揭示幼儿的真实需求与心理状态,为班级教师提供更加全面、深入的幼儿情况反馈,助力班级教育工作更加精准、有效。保育员虽不直接承担教学任务,但他们通过直接参与、间接引导以及显性与隐性相结合的方式,对幼儿的认知发展、经验积累、能力提升等多方面产生深远的影响,是幼儿全面成长道路上的重要引路人。

第三节 保育员专业化发展的现状与挑战

保育员专业化是学前教育发展的必然趋势,其专业素养直接关系到托幼机构的保育质量。在我园承担的上海市教育科学研究项目"基于教养融合的保育员分层式园本培训体系建构的实践研究"中,我们对当前保育员专业发展的现状进行了调查,包括保育员个人层面的专业背景情况、保育员工作层面的保教融合情况以及园所层面对保育员专业发展支持的情况,旨在更精准地分析保育员专业化发展情况的影响因素,以科学的数据与深入的洞察为基础,发现实际问题,为保育员队伍的专业化建设提供有力支撑。

一、保育员专业化发展的现状

(一) 保育员专业背景的现状

我们随机选取了上海市静安区、杨浦区、浦东新区的托幼机构,基于"上海市托幼机构保育员园本培训的现状调查问卷"保育员卷,对保育员年龄、学历的基本情况调查结果如表1.1。301份有效问卷的结果显示,目前上海市托幼机构在职保育员年龄偏大,40岁以上者占70.8%,年龄在30岁至40岁之间的占20.9%,年龄在30岁以下的仅占8.3%;在职保育员的学历普遍较低,占比较高的为初中和高中学历,分别占38.5%和23.3%,中专学历占12.3%,大专学历占21.9%,本科及以上学历占4%。

表1.1 上海市托幼机构保育员基本情况描述性统计

年龄	40岁以上	30—40岁	20—30岁	20岁以下	
	70.8%	20.9%	6%	2.3%	
学历	初中	高中	中专	大专	本科及以上
	38.5%	23.3%	12.3%	21.9%	4%

综合考虑保育员的年龄层次分布、学历情况和工作年限情况可以发现,目前上海市托幼机构保育员岗位对青年人的吸引力较差,可能导致保育员队伍的新鲜血液不足,不利于发展保育员队伍的整体活力与创新能力。同时,当前上海市托幼机构保育员的学历水平普遍偏低,可能限制他们在保育工作中的专业素养提升与教育理念更

新,进而影响到保育质量。

(二) 保育员保教实践的现状

我们兼顾各年龄层次分布以及工作年限情况,基于"保育员专业化发展现状与需求调查"的问卷,对保育员工作中保教实践的情况开展了调查。问卷主要包含两部分内容,一部分针对保育员对自己日常工作内容的认识,通过多选的方式勾选出属于自己日常工作内容的选项;另外一部分则是开放性问卷,基于不同的工作环节,包括规范操作、进餐保育、饮水保育、盥洗如厕保育、午睡保育等,收集保育员认为自己还需要改进的地方以及在改进过程中遇到的困难等相关信息。

调查结果显示,有16.2%的保育员将"教室环境与物品的保洁与消毒"和"幼儿物品的整理"视为自己的日常工作内容,而对于"幼儿餐前教育""培养幼儿进餐习惯""培养幼儿在进餐中的自主性""培养幼儿饮水习惯"以及"培养幼儿在饮水中的自主性"等内容,则认为不属于自己的工作范畴。进一步考虑保育员的年龄层次分布和工作年限情况发现,这些保育员多为工作一年的职初期保育员。在与他们的访谈中了解到,学校的课程设置中确实有关于幼儿心理学、教育学、学前教育技能技巧等与保教融合相关的课程内容,但都以知识学习为主,并没有与具体的幼儿园一日生活联系起来的实操课程。可见,初入职场的保育员普遍存在缺乏保教融合意识和方法的现象,需要加强该方面的培训。

23%的保育员在工作中面临时间管理和规划的挑战,保育员的日常任务主要集中围绕幼儿的需求转动,同时还需要在繁忙中见缝插针地完成清洁和消毒等常规工作。访谈中,这部分保育员在自我反思时意识到自己存在工作速度慢、工作效率低的问题。调查结果与此相呼应,超过10%的保育员表示在"不同类型物品的消毒方法""缝隙地方的保洁消毒技巧"以及"地板的保洁技巧"等方面遇到了困难。保育员在规范操作和提升工作效率方面有着迫切的提升需求,进一步凸显了对保育员进行相关培训的重要性,这可以帮助他们更好地平衡日常工作和专业化发展。

35%的保育员反映在"睡眠不良幼儿的个别化教育""进餐不良幼儿的个别化教

育"方面存在困惑;29%的保育员反映在"幼儿如厕习惯的培养""幼儿运动习惯的培养"方面存在困难;19%的保育员反映在"幼儿饮水活动的组织""特殊幼儿的运动保育""幼儿饮水习惯的培养""幼儿盥洗习惯的培养"方面遇到问题;15%左右的保育员提出在观察幼儿方面需要进一步改进,如"午睡中对幼儿身体情况的观察""运动中对幼儿出汗情况的观察"等,这些内容均指向保育员工作中保教融合技能的挑战,有必要进一步优化和细化保教融合技能方面的培训。

值得注意的是,有58%的保育员表示在"疾病的识别与预防"方面存在不熟练的问题。通过与主管保育培训的教师及保育员进行访谈,我们了解到虽然每学期都会进行一次全园范围的疾病识别与预防培训,并且在传染病高发期还会加强培训,但保育员反映,由于疾病的识别与预防是偶发事件,培训内容在实际工作中应用机会较少,导致他们难以长期记忆。因此,尽管培训时能够掌握相关知识,但随着时间的推移,特别是在实际工作中长时间未遇到相关问题时,保育员容易忘记培训内容,导致技能生疏。可见,需要对园本培训作出进一步探索和改进。

(三) 保育员专业发展支持的现状

我们也对上海市静安区、杨浦区、浦东新区托幼机构的保育管理人员进行了调查,基于"上海市托幼机构保育员园本培训的现状调查问卷"保育管理人员卷,对上海市托幼机构保育员园本培训的实践现状进行了调查,回收有效问卷104份,调查结果如表1.2。

表1.2 上海市托幼机构保育员园本培训管理机制调查数据统计

	十分健全	比较健全	不健全
经费使用管理制度	67.3%	26%	6.7%
档案管理制度	76.9%	22.1%	1%
效果考核制度	68.3%	31.7%	0%
激励制度	66.4%	28.8%	4.8%

调查结果显示,104位保育管理老师对园本培训管理制度的评价普遍较高,有关

四个方面的园本培训管理制度,保育管理老师反映其比较健全及以上的占比分别为93.3%、99%、100%和95.2%。同时,对301名保育员的相关调查也显示,63.1%的保育员清楚本园的园本培训激励措施,74.8%的保育员清楚本园的园本培训效果考核措施。可见,效果考核制度和园本培训激励措施在保育员中的认知度较高,这表明这些管理机制得到了较好的普及和认可,为园本培训的开展创造了良好的先决条件。

进一步从园本培训开展的频率、培训形式、培训内容三个方面对上海市托幼机构保育员的园本培训现状进行了调查,301位保育员反馈的结果如图1.1、图1.2、图1.3。

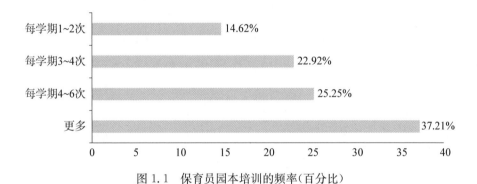

图1.1 保育员园本培训的频率(百分比)

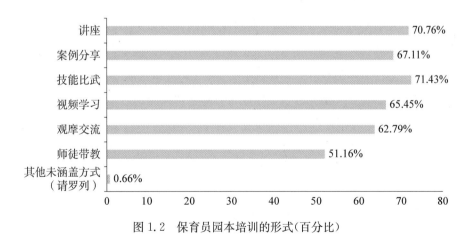

图1.2 保育员园本培训的形式(百分比)

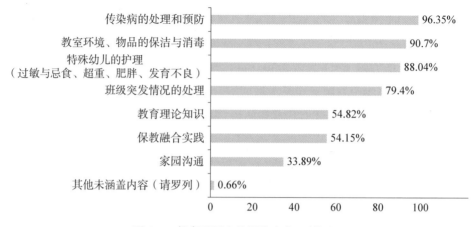

图1.3 保育员园本培训的内容(百分比)

根据调查结果,上海市托幼机构保育员园本培训的开展频率方面,85%以上能保证每月一次;在培训形式上,综合运用了讲座、案例分享、技能比武、视频学习、观摩交流、师徒带教等多种方式,每种方式均有50%以上的保育员反映曾经参与过;在培训内容的选择上,传染病的处理和预防,教室环境、物品的保洁与消毒,特殊幼儿的护理,班级突发情况的处理分别占96.35%、90.7%、88.04%、79.4%,教育理论知识、保教融合实践、家园沟通方面的内容涉及得相对较少,分别占54.82%、54.15%和33.89%。通过对比分析发现,在保育员培训内容上,大部分幼儿园较关注保健卫生方面的理论和实践指导,保教融合方面的培训则未被同等对待。进一步调查保育员对园本培训的内容倾向,保育员选择"规范操作技巧"和"保教融合的案例分析"两个内容最多,分别为80%和69%。另外,通过调查保育员实际工作中的压力来源,如表1.3,结果显示幼儿指导、教养融合、家园沟通是保育员职业压力的主要来源,分别占44.3%、48.4%和36.5%,综合两方面的调查结果可见,保育员对保教融合方面的业务培训有需求,而在园本培训内容上并未得到充分满足。

表1.3 保育员职业压力的主要来源

压力来源	规范操作	理论掌握	幼儿指导	教养融合	家园沟通	其他
	21%	29.7%	44.3%	48.4%	36.5%	2.7%

对园本培训效果的调查发现,在保育员规范操作方面,66.8%的保育员认为培训获得的内容对实际工作帮助很大,能马上应用;32.2%的保育员认为有一定帮助,部分内容能应用于实践。在教养融合方面,54.8%的保育员认为培训对实际工作帮助很大,能马上应用到实践中;42.2%的保育员认为仅有部分能应用到实践中,说明上海市托幼机构在对保育员专业化发展的支持上还有很大可提高的空间。

二、保育员专业化发展的挑战

《上海市学前教育三年行动计划(2019—2021年)》明确指出,要提高保育人员的专业能力,加强保育人员的培育、培训、指导。基于对上海市保育员专业化发展现状调查的结果,可知保育员在专业化发展方面面临多方面挑战以及亟须解决的问题。

(一) 保育员个人素养提升:素质差异显著,在职培训需求迫切

幼儿是最稚嫩、最懵懂、最纯洁的群体,需要最真心、最科学、最细致的关怀和爱护。① 保育员作为幼儿成长道路上的重要陪伴者,必须拥有扎实的专业知识、高尚的道德情操、良好的心理素质,以及对幼儿身心发展特点的深刻理解。

通过上海市托幼机构保育员的个人素养现状调查,我们可以清楚地发现,保育员个人素养主要存在年龄偏大以及学历普遍较低的情况,也就是说,保育员队伍中的个人素养差异是一个不容忽视的现实问题,教育背景、工作经验、个人兴趣等因素导致保育员在专业知识、教育理念、沟通技巧等方面存在明显差异。这种差异不仅影响保育员的工作效能,更在一定程度上制约了保育质量的整体提升。面对这一挑战,提升保育员的个人素养成为一项紧迫任务。作为提升保育员素质的关键途径,优化在职培训显得尤为关键。虽然现有的在职培训在一定程度上满足了保育员的基本需求,但培训内容和方法仍有待进一步革新。通过更加系统、科学、有针对性的在职培训,可以帮助保育员及时更新教育观念,掌握先进的教育方法,提升专业技能,从而有效缩小素质差

---

① 林文花.探索提升幼儿园保育老师核心素养的有效策略[J].亚太教育,2022(08):61—63.

异,推动保育质量的全面提升。

(二) 保育员专业发展深化:实践效果待提升,精准培训需求凸显

保育员的专业发展不仅依赖于理论知识的积累,需要在实践中不断摸索与提升。在保育员的专业发展过程中,实践效果的提升是一个亟待解决的问题。调查结果显示,上海市托幼机构保育员的园本培训在频次和形式上呈现出积极态势,但培训成效仍有提升空间。在实际工作中,保育员面临的主要压力来源包括幼儿指导、教养融合,这些领域恰恰是他们认为培训内容未能充分覆盖的部分。通过对比分析发现,在保育员的培训内容上,大部分幼儿园较关注保健卫生方面的理论和实践指导,保教融合方面的内容却未得到同等重视。进一步调查保育员对园本培训的内容倾向,发现保育员选择"规范操作技巧"和"保教融合的案例分析"两个内容最多,可见,保育员对保教融合方面的培训有较高的需求,而这些需求在园本培训内容上并未得到充分满足。这些问题的存在说明,当前保育员在实践中的表现参差不齐,保育员的专业发展还需要进一步深化,部分保育员在将理论知识转化为实际操作时存在困难,导致实践效果不佳,这既影响了保育工作的质量,也阻碍了保育员的专业成长。

也就是说,当前"一刀切"的培训方式并没有充分考虑到不同水平保育员的需求差异。一些新入职的保育员尚未建立起保教融合的意识;部分保育员虽有保教融合意识,但在实践操作上不够熟练,难以将理论知识有效应用于实践。当前"一刀切"的培训体系可能导致保育员对自身角色和职责的认识存在局限,未能充分意识到保教工作在幼儿全面发展中的重要性和教育价值。同时,也无法针对不同经验水平和能力特点的保育员提供差异化的指导,使得他们在面对实际工作中的挑战时,难以将培训内容有效转化为实践技能。因此,深化保育员的专业发展,提升实践效果成为关键,而要实现这一目标,精准培训的需求愈发凸显。精准培训要求根据保育员的实际需求,量身定制培训内容,确保培训内容与保育员的实践工作紧密相关,从而有效提升保育员的实践能力。

(三) 保育员实践反馈机制：反馈监督薄弱，过程性评价体系待完善

保育员的工作成效需要通过有效的反馈机制来检验与提升。调查结果显示，近一半的保育员认为只有部分培训内容能够应用到实际工作中，这种反馈机制的缺失，可能导致培训内容与保育员实际工作需求之间脱节，使得培训效果难以得到及时的监控和改进，保育员培训的反馈机制亟待健全。也就是说，当前保育员实践反馈机制存在反馈监督薄弱的问题。一方面，缺乏专门的监督机构或人员对保育员的实践工作进行全面、客观的评估；另一方面，保育员自身也缺乏主动反馈的意识与能力，这导致保育员在实践中的不足难以被及时发现与纠正，影响了保育工作的持续改进。尽管存在继续教育的机会，但保育员的参与积极性并不高，这可能与他们繁重的工作负担和紧张的工作时间安排有关。此外，培训成效直接影响保育员对继续教育重要性的认识。如果培训内容不能满足保育员的实际需求，内容陈旧且缺乏灵活性和提升空间，那么保育员可能会对其价值产生怀疑。

因此，建立健全保育员实践反馈机制，强化反馈监督，成为提升保育工作质量的必要举措。同时，过程性评价体系的完善也至关重要，于保育员而言，强化过程性评价不仅能够更好地满足自身的实际需求，还能增强其在培训中的参与感和体验感。于培训者而言，根据保育员的反馈，对培训内容进行动态调整，有利于培训者精准识别并强化对保育员日常工作极具价值的内容，提升培训的效率和有效性，促进培训效果的持续优化，实现培训与保教实践工作的双赢。

第四节
保育员分层式专业化发展的创新思考

在幼儿教育领域，保育工作的重要性日益凸显，它不仅关乎幼儿的身心健康，更是塑造未来社会栋梁的基石。随着保育员队伍结构的不断优化，特别是年轻力量的不断

注入，以及岗位职责的高标准化，保育员的专业素养面临着前所未有的挑战与机遇。为了适应这一深刻变化，构建分层式保育员专业化发展路径显得尤为迫切，它不仅是提升保育质量的关键，更是为保育员队伍的专业成长指明了明确的目标和方向。

一、构建系统性的分层培训体系

保育工作无小事，事事关系着幼儿的健康成长。随着保育理念的持续革新，保育员须紧跟时代步伐，全面且系统地掌握最新的保育知识与技能。为此，构建一个科学、全面的分层培训体系，成为推动保育队伍专业化成长的首要任务。该分层培训体系须紧密围绕保育员的不同发展阶段、能力层次及实际需求，科学合理地划分培训层次。

具体而言，我们首先根据保育员的工作实践经验，将其划分为职初期、发展期和成熟期三个层次，确保每个层次的培训内容都能精准对接保育员的实际需求。在培训内容与方式的设计上，我们注重融合多元化元素。一方面，我们结合不同层级保育员的专业化发展目标，设计了基础强化层、技能提升层、领导力与管理层等多个维度的培训内容，这些培训内容不仅涵盖了保育工作的基础知识与技能，还涉及团队协作、问题解决、领导力培养等多个方面，旨在全面提升保育员的专业素养。此外，我们还充分考虑到保育员在团队中的角色定位，如一线保育员、团队负责人等，为他们提供不同侧重点的培训，以促进团队内部的专业分工与合作。另一方面，我们采用线上与线下相结合、知识学习与实践操作相结合、小组合作与集体展示相结合、专项学习与日常浸润相结合等多元化的培训方式，以激发保育员的学习热情，增强培训效果。此外，我们建立了完善的反馈与监督机制，从培训成效、学习成效、应用成效三个方面对分层培训体系进行整体评估，确保培训体系能够良性循环运作，为保育员的专业成长提供有力保障。

通过打造科学系统的分层保育员培训体系，可以实现保育员培训内容的精准对接、培训方式的多元化与实用性并重，以及培训体系的持续优化，更好地满足保育员的专业发展需求，推动保育员队伍的整体提升，为幼儿的健康成长提供更加优质的保育服务。

二、优化针对性的分层培训方案

保育员的职业发展是一个动态的过程,呈现出阶段性特点。职业阶段的划分为保育员培训方案的设计提供了指导与依据。这种分层培训能够针对不同层次的保育员,提供定制化的学习和发展路径,精准地提升其专业能力和保教工作水平。

具体而言,在分层培训的方案设计上,我们依据职初期、发展期和衔接期保育员的专业化发展需求,设计了三个维度的培训内容,包括基础强化层,即针对新入职或基础相对薄弱的保育员,强化儿童心理学、日常护理、安全卫生等基础知识与技能培训,这一层次的培训旨在帮助保育员建立扎实的专业基础,为后续的专业成长奠定稳固的基石;技能提升层,即对于有一定工作经验的保育员,深化儿童发展评估、特殊儿童照顾、营养膳食搭配等专业技能的培训,这一层次的培训旨在提升保育员解决实际问题的能力,使其在保育工作中更加游刃有余;领导力与管理层,即针对保育团队的管理者或未来领导者,涵盖团队管理、科研创新、课程设计等高级技能的培训,旨在培养保育员的领导力和管理能力,为保育队伍的持续发展注入新的活力和动力。在分层培训的方案实施上,我们依据分层培训的体系,进一步优化培训方案,确保培训内容与保育员的实际需求紧密对接,包括个性化学习路径,即根据保育员的个人兴趣、职业规划及岗位需求,制订个性化学习计划,鼓励自主学习与探索;搭建实战演练平台,即模拟真实工作情境,提升保育员应对紧急情况、特殊儿童照顾等方面的实战能力;导师制与社群支持,即建立成熟保育员与新入职保育员之间的导师关系,以及跨层次的保育员社群,促进经验交流与互助成长。

通过这一系列针对性的分层培训方案,我们不仅能够为保育员提供精准的学习和发展路径,还能够激发他们的学习热情,提升他们的专业素养和综合能力,推动保育队伍整体素质的持续提升。

三、建立全面的过程性反馈与评价路径

构建保育员过程性反馈与评价体系是提升幼儿园保教培训质量的关键所在。传

统上，保育员的培训评价多聚焦规范操作技能的考核。然而，随着保教融合理念的深入实践，保育员的角色已从单一的日常照料者转变为幼儿全面健康教育的实施者，这一转变要求保育员不仅要满足幼儿的基本生活需求，更要关注幼儿身心发展的各个方面。为确保分层式培训的有效性和持续性，我们迫切需要建立一套全方位的过程性反馈与评价体系，该体系不仅重视培训结果的量化评估，更强调对培训过程的质量监控与持续改进，旨在通过持续性反馈与评价，助力每位保育员实现专业成长。

具体而言，我们综合考虑保育员的知识掌握程度、技能提升速度、工作态度以及团队协作能力等多方面表现，基于培训成效、学习成效、应用成效三个核心维度，采用自评、互评、导师评价等多维度评价方式，全面、客观地反映保育员的专业成长状况。此外，我们定期组织培训反馈会议，邀请保育员分享学习心得、提出改进建议，营造开放、包容的学习氛围，推动培训内容与方式的持续优化。同时，我们为每个保育员建立个人成长档案，详细记录其培训经历、学习成果及职业发展路径，这一举措不仅有助于保育员清晰了解自身的成长轨迹，更为其后续的专业发展规划提供了有力支撑。

通过构建全方位的过程性反馈与评价体系，我们能够更加精准地评估保育员的专业成长状况，及时发现并解决培训过程中存在的问题，为保育员的持续发展和幼儿园的保教质量提升奠定坚实基础。

第二章

保育员分层式园本培训体系的实践

---

* 参与本章撰写的老师有高宁宁、张懿、程丹、陆雯婷、杨锡晨、蒲田。

社会的快速发展对保育工作的专业性要求愈发严格，保育员的角色也日益显得举足轻重，他们不仅是孩子们日常生活的照料者，更是教育过程中的积极参与者和支持者。在此背景下，分层式园本培训作为一种创新且高效的培训模式应运而生，本章将深度剖析保育员分层式园本培训体系的设计逻辑、实施策略与评价机制，致力于构建一个既全面又系统的培训体系。这一体系的根本目的在于推动保育员队伍的专业化发展，进而提升整个托幼机构的保育与教育质量。通过本章的探讨与实践，我们不仅为保育员的培训工作提供了基于坚实理论基础指导的实践案例，更为托幼机构的保育工作注入了新的活力与灵感，开辟出更加科学、高效的工作思路与方法。

第一节 保育员分层式园本培训体系的设计

分层式园本培训确保了培训的高效性和针对性，该培训体系的核心在于"分层"，即根据保育员的工作实践经验将其划分为不同的层次，全面提升保育员的职业素养、专业知识、实践技能以及管理研究能力，并为每个层级、每位保育员提供满足其工作需求与自身发展的培训方案，旨在全面提升他们的专业技能与综合素质，为保育员的个人职业成长铺设坚实的道路，并有力推动托幼机构整体保教质量的提升。

一、保育员分层式培训的内涵

分层式培训是根据保育员职业发展阶段，以不同层级保育员的专业发展需求来设计不同层次培训内容和方法的培训模式。在托幼机构保育员专业发展的过程中，这一模式显得尤为重要，它能够给予每位保育员针对性的培训，让他们在适合自己的水平上获得成长和提升，让培训更高效。

二、保育员分层式园本培训的层次划分

园本培训是保证学校保教质量、提高保教人员专业能力、帮助保教人员树立正确观念的重要途径。① 结合我园保育员的工作现状与发展需求,将保育员的专业发展分为三个层次,并针对不同层次的保育员开展分层式园本培训。②

(一) 处于适应阶段的职初期

职初期保育员指入职 1—2 年、初涉保育领域的工作者。此阶段的保育员对岗位职责及需求理解尚浅。对本园新入职保育员的调查发现,其职前培训多聚焦于规范操作,保教融合虽有提及,但内容与教师标准相近,使得保育员认为自己在此方面仅起辅助作用,缺乏主导感,保教融合意识薄弱。因此,职初期保育员亟须解决两大问题:一是明确并适应保育工作的职责规范,特别是要熟悉园本一日生活作息制度,根据具体环境调整个人规范操作;二是增强保育工作的主动性意识,包括建立教养融合的认同感,认识保育员专业发展的重要性,以及培养自觉保育、主动参与的意识,为职业成长奠定坚实的基础。无论对新入职还是换岗的保育员而言,快速熟悉新岗位的工作职责、内容及流程,都是不可或缺的第一步。

(二) 处于成长阶段的发展期

发展期保育员指的是拥有 2—10 年保育工作经验的工作者。经过初期的两年深入实践,此阶段的保育员已能全面把握园所保育工作的内容与流程,并初步形成了教养融合的意识。对本园发展期保育员的调查发现,尽管保育员常以幼儿为中心,但在时间管理和流程规划上仍面临挑战,亟须提升工作效率,以提供更优质

---

① 许敏霞,程丹.为保育员的专业成长搭建阶梯——基于教养融合的保育员分层式园本培训探索[J].学前教育,2020(01):39—41.
② 张惠芳.职初教师分层递进式培训实践探索[J].幼儿教育,2020(Z4):76—78.

的幼儿照护。因此,发展期保育员亟须解决两大方面问题:一是积累并创新规范操作技能,这一阶段的保育员处于技能快速精进期,须通过持续的实践积累,不断提升操作的熟练度与灵活性;二是尝试基于教养融合观的保育实践,通过多样化的保育活动,积累实践经验,掌握将教育理念融入日常保育的多种技能。与标准化操作不同,教养融合技能更依赖个体的深刻理解和实践中的灵活应用,发展期保育员需经历多次实践尝试,从成功与失败中汲取经验,逐步构建起自己的保教融合知识体系。

(三) 处于突破阶段的成熟期

成熟期保育员是指已从事保育工作 10 年以上的工作者。处于这一阶段的保育员能够熟练地应对岗位需求,高水准地完成工作,具有一定的教养融合经验和能力,在托幼机构保育员群体中,被大家公认具有丰富的保育经验,并对其他保育员具有一定的示范和带头作用。对本园成熟期保育员的调查发现,他们常处于职业生涯的平稳期或瓶颈阶段。面对日常琐碎的保育工作,较大的投入与较高的期望往往使他们认识到理想与现实的差距,专业发展速度逐渐放缓,甚至停滞,进而产生职业倦怠,缺乏自我提升的动力。因此,成熟期保育员亟须解决业务能力上的拓展问题,可以鼓励他们参与课程设计与团队管理,以推动园所保育实践的新发展。

三、保育员分层式园本培训的内容架构

近年来,随着《中华人民共和国学前教育法》《中共中央、国务院关于学前教育深化改革规范发展的若干意见》《幼儿园工作规程》和《幼儿园保育教育质量评估指南》等重要文件的颁布,保育员队伍在我国受到了越来越多的重视,保育员培训投入也逐渐增长。在此背景下,我园的保育员分层式培训主要聚焦职业素养、专业知识、实践技能和管理研究四个方面的内容,以确保其能够胜任自己的岗位。

(一) 职业素养

职业素养是做好保育员的第一要素,它涵盖了对幼儿的关爱、对工作的敬业等多个方面。① 保育员要热爱幼儿,需要具备爱心和耐心,这是与幼儿建立良好关系的基础;也要热爱自己的本职工作,需要具备强烈的责任心和使命感。此外,保育员还应遵守职业道德规范,尊重幼儿的隐私和权利,维护幼儿园的良好教育环境。在培训计划中,职业素养的培训要置于首要位置,确保他们在工作中能够坚守原则,更好地服务于幼儿的成长与发展。

(二) 专业知识

专业知识是保育员提供高质量保育服务的基础,是保育员首先要了解的理论知识,它涵盖了广泛的内容。② 首先,保育员需深入了解幼儿的生长发育规律,准确把握不同年龄段幼儿的身体与心理特征,以便能够基于幼儿的特点,科学地规划并实施保育工作,包括饮食调配、睡眠安排以及活动设计等方面。其次,保育员需熟练掌握保育工作的基本流程和规范,确保园所的清洁卫生、消毒工作及物品管理均达到专业标准,为幼儿提供一个安全、卫生的成长环境。此外,掌握相关的安全制度及应急预案,熟悉常见安全事故的预防与应对措施,同样是保育员专业知识的重要组成部分。通过系统的培训与学习,保育员能够更有效地履行岗位职责,确保幼儿在园内的安全与健康。

(三) 实践技能

实践技能是保育员日常工作中不可或缺且必须熟练掌握的核心环节,它直接关联到保育工作的质量与效果。③ 这一技能涵盖了幼儿日常生活护理的全方位内容,从饮

---

① 谭桂菊.幼儿园保育员队伍专业化建设研究[D].南京:南京师范大学,2008.
② 谭桂菊.幼儿园保育员队伍专业化建设研究[D].南京:南京师范大学,2008.
③ 谭桂菊.幼儿园保育员队伍专业化建设研究[D].南京:南京师范大学,2008.

食喂养、睡眠管理到个人卫生习惯的培养,保育员须精通相关的工作流程,并时刻留意执行过程中的各项细节与注意事项。在此基础上,保育员还须具备对常见疾病的预防和处理能力,严格按照要求和规定,进行有效的处理,遏制疾病的传播与恶化,提升幼儿的健康水平。同时,保育员应掌握基本的急救知识与技能,如心肺复苏(CPR)、止血包扎等,保障幼儿的在园安全。通过参加实践操作的培训活动,保育员可以在模拟环境中不断练习,提升自己在真实情境下的应对能力,确保在紧急情况下能够迅速、有效地采取行动。

(四)管理研究

管理能力和研究能力是保育员培训中独具特色的部分,它们不仅关乎保育工作的有效实施,还涉及团队协作与个人专业发展的深度整合。在管理能力方面,保育员需要掌握如何高效地组织和开展保育工作,确保日常活动的有序进行,这包括与教师和其他教职工的紧密合作,共同制定和执行工作计划,以确保教育保育目标的一致性和协同性。研究能力则是保育员专业成长的重要驱动力,通过参与课题研究以及接受科研能力提升的相关培训,保育员能够激发自身内在的科研创新意识,学会运用科学的方法和工具来分析和解决保育实践中遇到的问题。这一培训能够促进保育员适应性专长的发展,让保育员的发展呈现可持续性。

四、保育员分层式园本培训的模式

我园通过线上与线下融合、实践操作与案例分析结合、小组合作与集体展示并重、专项学习与日常浸润并用等多种方法,为保育员提供了多样化的学习途径和成长机会。这些培训模式能够满足不同层次保育员的发展需求,有助于保育员不断提升专业技能,增强职业竞争力,同时也能更好地适应不断变化的教育需求,为儿童提供更优质的保育服务。

（一）融合线上与线下的综合培训模式

线上培训打破了时间和空间的限制，接受培训的学习者可以在更适合自己的时间接受培训，既节省成本，又经济高效。

线下培训能够让学习者与教师充分互动，该模式以"传递—接受"为特征，即培训讲师主导和支配整个培训过程，帮助学习者在短时间内形成知识体系。

融合线上与线下的综合培训模式，则是一种创新的培训模式，它汲取了传统线下培训的互动性和线上培训的灵活性之精华，摒弃了单一模式的局限性。这种模式通过将线上的便捷性和线下的实践性相结合，实现了教育资源的最大化利用。线上部分提供了丰富的理论学习资源，学习者可以随时随地进行自主学习，不受时间和地点的限制。而线下部分则强化了实践操作和面对面的交流互动，使学员能够在实际操作中深化理解，增强技能。这种模式不仅能够满足不同学员的学习需求，还能提高教学效率和质量。

（二）结合实践与案例的深度培训模式

实践操作强调在真实工作环境中进行技能和知识的培养，它通过实际操作让学员亲身体验到解决问题的过程，提高解决问题的能力和决策的准确性。

案例分享通过分析真实案例来提升保育员的问题解决能力和实际应用能力，使其了解不同情境下的解决方法和决策过程。

结合实践与案例的深度培训模式融合了实践操作和案例分享的优点，这种模式通过案例分析了解问题，再通过实践操作应用所学的知识解决问题。在园本培训中，实践与案例结合的深度培训模式包括多种形式，如研讨会、保育小课堂等。这种综合学习方式使培训更加生动有趣，有助于知识的内化和技能的提升。通过这种方式进行培训，保育员更容易将理论知识转化为实际操作能力，提高工作效率和效果。

(三) 小组合作与集体展示的互补模式

分组培训模式通过将保育员分成小组进行针对性培训，能够更好地满足不同层次和需求的学习者，这种培训模式能够提供更加个性化的学习体验，促进小组成员间的互动和合作。同时，它允许培训内容更加灵活，可以根据小组的特点和需求调整培训重点。

集体培训模式则是将所有保育员集中在一起进行统一的培训，这种模式的优点在于能够实现资源的集中利用，便于管理和统一标准，确保所有学习者都能接受相同的培训内容。此外，集体培训有助于营造学习氛围，增强团队凝聚力。

小组合作与集体展示的互补模式结合了分组培训和集体培训的优势。这种模式通过小组合作促进个性化学习和团队协作，同时通过集体展示确保所有学员都能分享和学习彼此的成果。它的特点在于能够兼顾个性化和统一性，既能够满足不同学员的学习需求，又能够保持培训的统一性和连贯性。此外，这种模式有助于提高学员的参与度和积极性，通过小组合作和集体展示，学员能够更好地理解和应用培训内容，增强培训效果。

(四) 专项学习与日常浸润的交错模式

专项学习模式，即保育员对特定主题进行深入学习，系统地获取专业知识和技能，有助于快速提升保育员在某一领域的专业能力。

日常浸润模式指的是保育员在日常工作中不断学习和提升，通过实践和经验积累来增长专业能力，实现知识的即时应用和内化。

专项学习与日常浸润的交错模式结合了两种模式的优点，通过定期的专项学习提升保育员的专业理论水平，同时在日常工作中将所学知识应用到实践中去。这种模式的特点在于能够实现理论与实践的有效结合，既保证了知识的系统性，又增强了应用的即时性和实用性。此外，交错模式还有助于保育员持续更新知识和技能，更好地适应教育发展的新趋势。

第二节
不同阶段保育员培训体系的建构实践

专业化保教团队是实现现代化保育工作的基石。随着保育工作的日益复杂,相关质量要求不断提高,保育员亟须参与科学系统的园本培训,此类培训旨在帮助保育员全面且深入地掌握新时代保育工作的核心知识与技能,以满足托幼机构的日常运营及长远发展需求。[①] 为确保保育员队伍的整体素质提升,构建一套完善、系统的培训体系至关重要,该体系应确保保育员能够科学、系统地学习并掌握专业知识与保育技能,为保育工作的卓越表现奠定坚实基础。[②] 鉴于此,根据我园对保育员的分层划分标准、内容框架以及培训模式的前期架构,我们针对职初期、发展期、成熟期分别开展了保育员园本培训的实践,并根据不同阶段保育员的特点、能力和经验水平,恰当地选择培训内容和形式,切实提高培训实效。

一、职初期保育员的培训体系

职初期保育员培训主要针对入职1—2年、初涉保育领域的保育员,该阶段的保育员刚刚开始他们的职业生涯,通常缺乏职业认同感和工作经验,并且将理论知识应用于实践的能力存在不足。为提升职初期保育员的专业素养和保育技能,培训采用了多样化的方法,包括通用性的培训方法,即每个阶段都适用的方法,如讲座、读书会,以及适宜性的培训方法,即更适宜这一阶段保育员需求的培训方法,如带教、锦囊分享、微格学习等,[③]帮助保育员系统、科学地掌握专业知识,独立完成幼儿的日常照料、护理

[①] 甘晓彬.保育员专业成长的园本研修机制探索[D].成都:四川师范大学,2011.
[②] 吴盼,裘指挥,张丽.幼儿园保育员胜任力结构与现状及提高策略[J].学前教育研究,2017(05):58—60.
[③] 李毅.开展多元化园本培训,促进教师专业成长[J].学前教育研究,2002(04):46—47.

和教育工作,从而有效提升保育员的整体水平。

(一) 培训方案

1. 培训目标

为了帮助职初期保育员尽快适应岗位要求、融入学校环境,成为称职的保育老师,培训以"夯实基础、学以致用、规范操作"为出发点,重点提高该阶段保育员的专业素养和保育技能,促使其在短时间内树立起正确的保教观念,掌握科学的保育方法。具体培训目标如下。

(1) 明确保育员的岗位职责

明确的岗位职责是确保保育工作质量的基础,有助于实现高质量的保育服务。根据《幼儿园工作规程》,保育员应负责本班房舍、设备、环境的清洁卫生和消毒工作;应在教师指导下,科学照料和管理幼儿生活,并配合本班教师组织教育活动;应在卫生保健人员和本班教师的指导下,严格执行幼儿园安全、卫生保健制度;应妥善保管幼儿衣物和本班的设备、用具。这些职责能够确保幼儿日常生活的有序进行,清晰的职责划分也有助于职初期保育员自我评估、反思和改进工作方法,从而提升保育效果,确保保育工作落到实处。

(2) 了解幼儿身心发展特点

《幼儿园保育教育质量评估指南》明确了以促进幼儿身心健康发展为导向的学前教育质量评估体系,要求保育员遵循幼儿发展规律和教育规律。保育员需要了解幼儿的身心发展和行为特点,以便更好地引导和照护幼儿,提供更加个性化的保育和教育,满足每个幼儿独特的需求。通过园本培训,保育员应系统地掌握现代儿童保健科学及儿童教育理论知识,包括婴幼儿各系统生理特点与卫生保健、幼儿生长发育及体格锻炼等,不断提升自己的专业技能和知识。

(3) 初步建立保育意识

《幼儿园教育指导纲要(试行)》(以下简称《纲要》)要求实行保育与教育相结合的原则,强调教养融合在促进儿童全面发展中的重要作用。幼儿的保育和教育同等重要,保育和教育在实际实施过程中是相互包含、相互渗透的,这要求保育员要对保育工作有正确认识与高度责任感,初步建立起科学的保育意识。通过园本培训,保育员应理解教养融合的概念,认识到保育和教育是相辅相成的,不仅要关注幼儿的身体健康和日常照料,还要关注其心理发展和教育需求;应对教养融合产生认同感,学会如何在日常工作中融入教育元素;应能够通过观察发现幼儿的行为和反应,了解幼儿的身心状况。

2. 培训内容

职初期保育员的成长及培训关系到其是否能够顺利地从理论型保育员向实践型保育员转变,建立正确的职业认同。职初期的保育员培训维度较多,培训内容上以基础课程为主,主要围绕明确岗位定位,熟知保育工作职责;落实卫生消毒常规工作,保证班级环境清洁;常见传染病认知和隔离消毒操作工作等展开。具体开展了以下培训内容。

(1) 保育员职业道德培训

职业道德是托幼机构保教人员道德品质的核心部分。托幼机构的保育工作虽然平凡、琐碎,但对于幼儿的成长和发展来说,却是启蒙教育中极为重要的板块之一。职初期的保育员要对托幼机构教育和保育工作有正确且深刻的认识,意识到自己工作的重要性,热爱幼教事业,关心、爱护、尊重幼儿。保育员必须具备一定的职业道德,在日常工作中保持一个健康、平和的心态,以良好的姿态投入工作中,为幼儿树立榜样。

(2) 园所教育理念与文化培训

园所教育理念与文化涵盖了园所的发展愿景和价值取向,开展教育理念和文化教育,是职工培训的重要内容之一。在部分托幼机构,教育理念与文化教育方面的培训往往仅面向教师,而忽略了将保育员也纳入其中。结合我园的实际情况,我们先后在保育员的新职工教育中开展了系统了解园所发展历史、教育理念传承、园所文化建设方面的培训,帮助职初期的保育员深入地了解园所背景,更快速融入集体,为其职业发展打下良好的基础。

(3) 保育员岗位职责培训

岗位职责培训不仅确保了托幼机构日常运营的规范性,还直接关系到幼儿的健康成长和安全。我园参照《幼儿园工作规程》《上海市托幼机构保育工作手册》,结合本园特色和实际保育工作情况,制定了《中国福利会托儿所保育员工作手册》,帮助职初期保育员掌握专业知识和技能，学会应对紧急情况，提高保育质量。此外，这一内容的培训有助于提升保育员的责任感和使命感，使其认识到自己工作的重要性。

（4）保育员一日工作流程与要求培训

保育员的一日工作是紧紧围绕着幼儿的一日生活运行的，职初期的保育员通过培训能够熟悉并掌握园所一日生活的每一个环节，知道如何有效、有序地把一日工作做好、做细、做到位。我们基于园所的一日生活安排和保育员岗位职责，进一步细化了保育员工作内容及要求，从"保育工作总目标"到"日常保育工作要求"，再从"一日保育工作程序"到"各个环节操作细则"，逐步细化，使之形成科学、规范的操作体系。另外，此类培训也是保育员建立保教融合意识的重要途径。

（5）托幼机构常规消毒规范与实践培训

托幼机构常规消毒工作是由保育员全面负责的重要内容之一，消毒范围涉及幼儿在园可能接触的任何事物，通过培训，保育员可以掌握正确的消毒方法和操作流程，了解消毒的目标和重要性，以及如何针对不同区域和物品进行重点消毒，使保育员能够在日常工作中更加科学和规范地进行消毒工作，从而保护幼儿的健康。我们统整了园所内幼儿接触到的设施设备，详细制定了针对不同消毒对象的预防性消毒规范要求，基于上海市托幼机构的消毒规范要求并定期更新，每学期对保育员进行培训。

（6）常见传染病和隔离消毒操作培训

加强传染病的防范意识，提高预防知识水平，做到早发现、早隔离、早消毒，是保育员保育技能的重要体现之一，因此定期进行托幼机构常见传染病的认知和隔离消毒操作培训也是重要的内容。托幼机构常见的传染病包括：流行性感冒、手足口病、疱疹性咽峡炎、水痘、猩红热、流行性腮腺炎、诺如病毒等。保育员要区分各种传染病的传播途径和主要症状，掌握常见传染病的预防措施以及紧急情况下的应急处理方法，提高预防传染病操作的规范性和科学性。

（7）急症救助及相关安全知识培训

安全是保障托幼机构一日生活与学习正常开展的根本，增强自身的安全意识及安全保障能力，是保育员的重要工作职责。在保育员安全意识与安全保障能力的培训过程中，我们基于不同环节的安全隐患加以梳理与说明，加强保育员对急救相关知识的了解和认识，提高保育员处理突发事件的分析和解决能力。掌握常用的急救方法，更好地保障在园幼儿的安全健康成长。

3. 培训方法

提升托幼机构的保育质量,关键在于提升保育团队的整体素质,我园致力于全面提升保育员的专业素养和专业技能。为此,我们举办专题讲座以传授最新理念,实施带教制度以促进实践经验的传承,开展微格学习以精细化提升保育技巧,提供锦囊以解决实际问题,组织读书会以鼓励持续学习和自我提升。通过这些具体而有效的培训手段,促进职初期保育员能够胜任工作岗位,做好基本的消毒清洁与照护工作。

(1) 读书会

通过向保育员推荐优秀的保育实践书籍,支持保育员根据自身需要进行主动学习。这种培训方式不仅能够满足保育员个性化的学习需求,还能激发他们主动探索和解决问题的热情。通过阅读这些专业书籍,保育员可以获取最新的保育理念和技巧,从而在实际工作中更加得心应手。同时,这种自我驱动的学习过程也有助于保育员建立起自我评估的习惯,增强自我发展的意识,这对于提高整个团队的保育质量具有重要意义。读书会的培训方式适用于每个阶段的培训。

(2) 讲座

通过课堂传授的方式开展培训是一种比较传统的形式,主要指向知识类的培训内容,如园所文化、保教理念、规范操作要求、安全知识等。其优点是受众广,方便被培训者进行相关内容的系统化了解与学习。在本园的培训实践中,除了邀请校外行业专家担任讲师,我们还进一步将讲师的范围扩大到本园成熟保育员、教师、管理人员,请他们就相关的内容进行传授。不同类型的讲师,能帮助保育员从不同角度去认识和了解保育工作概况。讲座的培训方式适用于每个阶段的培训。

(3) 带教

带教是非常适用于职初期保育员的一种培训形式,即对职初期保育员在保育工作规范操作和保教融合意识上进行一对一的指导与培养。带教式培训的优点是针对性强、灵活性高。在我园的培训中,会为职初期保育员配备一名成熟期保育员作为专门的"师傅",由师傅进行浸入式带教,根据园所的具体情况和实际需要,成熟期保育员可以直接进入职初期保育员所在的班级进行带教,或者将其安排在相邻班级,以确保日常带教工作的顺利进行和高效沟通。通过带教学习成熟保育员身上踏实肯干的优秀作风和保育工作规范操作,形成相互学习和进步的共同体。

(4) 微格学习

利用录像、照片的方式记录保育员工作的实况,将其直观地呈现在保育员眼前,让保育员观察、反思,并从各种不同的视角进行分析评价,对好的实践操作进行模仿学习,对有待改进的地方则进一步优化,并在实践中进行调整。在我们的研究中,我们开展了包括规范操作、新生入园餐的护理、中班特殊儿童餐点活动实施等多项微格学习。

(5) 锦囊

将培训内容要点制作成简单易懂的文字提醒、图片示意,放置在被培训者方便随时查看的地方,采取随机培训的方式。保育员的大部分工作内容都需要经历熟能生巧的过程,正是因为如此,培训效果的巩固需要建立在日常工作的不断操作之上,但对于常见传染病认知和隔离消毒操作、急症救助及相关安全知识这类知识应用频次不定的培训内容,锦囊式的培训方式就能达到较好的培训效果,让保育员在日常工作中也能复习巩固相关知识和技能。同时,该培训方式也比较适合年龄较大的职初期保育员群体。

(二) 培训案例

职初期培训活动案例(一)

一、培训活动主题

守护童心:保育员职业守则研习之旅

二、培训活动对象

全体职初期保育员

三、培训活动目标

(一) 通过集中学习,深入了解保育员职业守则的内涵和意义,认识到其在日常工作中的重要性。

(二) 通过案例分享,增强保育员的职业道德意识,掌握职业道德规范与实践应用,提高自身的专业素养。

四、培训活动方式与时间

培训方式:讲座、分享会

培训时间:8月下旬(建议在开学前进行)

培训地点:大会议室

培训内容:

(一)解读《上海市托幼机构保育工作手册》

- 聚焦手册中的核心原则与要求,特别是与职业道德相关的内容。
- 通过小组讨论,探讨如何在日常工作中贯彻这些原则与要求。

(二)解读《中福会托儿所保育员工作手册》

- 对中福会托儿所(以下也简称为"中托")保育员职业守则与要求进行深度解析。
- 分享职业道德案例,引发学员思考如何在工作中践行。

五、培训活动过程

环节一:开场致辞

由园所负责人致辞,着重阐述保育工作在幼儿成长过程中的不可或缺性及其深远影响,详细介绍本次培训的核心目的、深远意义以及我们期望达成的具体成果。旨在激发职初期保育员的职业热情,深化他们对岗位职责的认识,并让他们深刻体会到自身工作的重要性与价值。

各位即将入职的保育员同仁们:

大家上午好!

保育员,这个看似平凡却意义非凡的职业,承担着照顾、教育和引导孩子们健康成长的重要责任。你们是孩子们在幼儿园这个小小社会中的第一位引导者和守护者,你们的言行举止、工作态度,都将对孩子们的成长产生深远的影响。因此,在大家正式走上工作岗位之前,进行一场深入的职业道德培训,就显得尤为重要。职业道德,是每一位从业者应当坚守的底线和准则,它不仅仅意味着要遵守园所的规章制度,更意味着要用心去关爱每一个孩子,用专业的知识和技能去呵护他们的成长。我希望大家能够珍惜这次培训的机会,以饱满的热情和积极的态度投入学习中去,不仅要学懂弄通职业道德的各项要求,更要将这些要求内化于心、外化于行,真正做到知行合一。在未来的工作中,能够时刻保持对孩子们的热爱和对职业的敬畏,用自己的实际行动去践行职业道德,成为孩子们成长道路上的良师益友。

环节二:保育员职业守则解读

1. 深入学习《上海市托幼机构保育工作手册》,重点解读保育员在托幼机构工作中的职责与要求,这是保育员工作中必须遵循的基本规则。我们将重点解读其中关于保育员的职责与要求,包括幼儿的日常照顾、安全教育、卫生保健、心理支持等方面的内容。通过具体要求的解读,帮助保育员明确自己在幼儿园工作中的角色和定位。

2. 解读《中福会托儿所保育员工作手册》中的核心原则与要求,这部手册是中托保育工作的指导性文件,其中包含了大量与职业道德、幼儿保育相关的内容。通过逐条分析这些原则与要求,特别是与保育员日常工作密切相关的部分,如尊重幼儿、保护幼儿隐私、公正对待每一位幼儿等,帮助保育员理解这些原则与要求在实际工作中的具体体现和应用。

环节三:经验和案例分享

1. 经验分享

邀请资深保育员分享个人成长经历与职业感悟,激发新入职保育员的职业热情与责任感,鼓励他们将个人成长与职业发展相结合,为幼儿的健康成长贡献自己的力量。例如:如何克服工作中的挑战、如何与幼儿建立信任关系、如何在工作中保持热情与耐心,提升保育工作带来的成就感等。

2. 案例分享

结合具体的职业道德案例,分析职业守则在日常工作中的重要性,强调职业道德在保育工作中的不可或缺性。同时,探讨如何在日常工作中践行职业道德规范,提升个人职业素养和服务质量。例如:"尊重与理解:如何帮助内向的幼儿融入集体",探讨保育员如何以尊重和理解的态度,帮助内向的幼儿克服社交障碍,融入集体生活。

案例分享:小明的"特别关注"

◆ 案例背景:

在某幼儿园,有一位名叫小明的孩子,他性格内向,不善言辞,经常独自玩耍,不与其他小朋友互动。由于家庭原因,小明很少得到父母的关注和陪伴,导致他在情感上存在一定的缺失。保育员李老师注意到了小明的这一情况,决定给予他"特别关注"。

◆ 职业道德体现与分析:

李老师的行为充分体现了保育员职业道德中的"关爱孩子,尊重差异"原则。她没有因为小明的内向和不合群而忽视他,反而更加关注他的情感需求,用实际行动诠释了"每个孩子都是独一无二的"这一教育理念。

◆ 在日常工作中,李老师通过以下几种方式践行职业道德规范:

情感陪伴:李老师利用生活照护时间,主动与小明聊天,了解他的兴趣爱好,鼓励他表达自己的想法。

个性化关怀:针对小明在情感上的缺失,在角色扮演游戏等活动中,有意让小明与其他孩子互动,还帮助他在互动中逐渐敞开心扉。

◆ 职业道德在日常工作中的重要性:

保育员作为孩子们成长道路上的重要引导者,其职业道德水平直接关系到孩子们的身心健康和成长环境。李老师通过践行职业道德规范,尊重孩子的情况,保障了孩子的心理健康发展。

◆ 如何在日常工作中践行职业道德规范:

树立正确的职业观念:保育员应认识到自身工作的重要性和价值,时刻保持对职业的敬畏和热爱,以高度的责任心对待每一个孩子。

不断学习提升:保育员应积极参加各种培训和学习活动,不断提升自己的专业素养和服务水平，以更好地满足孩子们的成长需求。

关注个体差异：每个孩子都是独一无二的个体，保育员应尊重他们的差异性和多样性，给予个性化的关怀和教育。

保持积极乐观的心态：面对工作中的困难和挑战，保育员应保持积极乐观的心态，以良好的情绪状态影响孩子，为他们营造一个温馨、和谐的成长环境。

环节四：总结反思与行动计划制定

培训结束后，主要以"培训作业"的形式让保育员撰写有关培训的心得体会，内容包括但不限于对保育员职业守则的理解、职业道德观念的提升、实际工作中的应用以及未来展望等方面，旨在全面评估保育员的学习成效，从知识掌握、应用能力到个人感悟，全方位促进保育员的专业成长（详见本书第二章第三节"保育员培训评价的实践"）。

职初期培训活动案例（二）

一、培训活动主题

传承教育精神，践行中托理念

二、培训活动对象

全体职初期保育员

三、培训活动目标

（一）知识与理解：深入研读中托园所文化传统、学习教育精神故事，深刻领悟教育精神中蕴含的崇高追求、神圣使命。

（二）思想与观念：通过成员间对教育精神的深入探讨与思想碰撞，帮助职初期保育员领悟教育事业的重大意义。

(三)实践与应用:鼓励成员积极发现同伴身上的教育精神,对标中托精神和教育家精神,为同伴拍一张照片,鼓励正向教育行为。

四、培训活动方式与时间

(一)学期初:专题培训——中托的清源活水(地点:会议室)

(二)学期中:读书会——教育精神大家谈(地点:线上)

(三)学期末:座谈会——送你一朵小红花(地点:会议室)

五、培训活动过程

(一)专题培训:中托的清源活水——中托传统故事分享会

活动地点:会议室

特邀讲师:园所老员工(建议3—4位)

故事内容:

1. "爱的流动":曾经罹患麻疹的中托幼儿得到幼儿园老师的特别照料,老师们甚至为孩子献血救治,展现中托教师的无私奉献精神。

2. "毛衣男孩":入冬后,中托老师发现一位男孩衣服单薄,老师利用自己的休息时间为孩子编织厚毛衣,温暖孩子、温暖人心。

3. "宋奶奶和中托":讲述宋庆龄女士为妇女儿童事业奔走的渊源和相关故事,了解宋奶奶和中托的故事、感受宋奶奶的博大胸襟和无私大爱。

活动建议:

1. 各园可依据自身的具体情况策划活动内容。例如,对于新开园的园所,可以围绕开园初期的趣闻轶事来开展故事分享。

2. 在讲述故事的过程中与保育员进行深入对话,以此增强情感的交流和共鸣,同时深化对故事内涵的感悟和理解。

分享后总结:

我们深刻体会到中托教师们无私奉献的精神,以及他们对每一个孩子的深沉爱意与责任感。他们对学生的关怀无微不至,用实际行动诠释了"温暖"二字的真谛。同时,我们缅怀宋奶奶的卓越贡献,她的精神激励着每一位中托人,通过进一步继承和发扬宋奶奶的精神,老师们为孩子们的成长贡献自己的力量。通过这次分享会,我们更加坚定了教育的初心和使命,共同为培养下一代而努力。

(二)在线读书会:教育精神大家谈

1. 内容发布:主管领导发布"在线读书会:教育精神大家谈"的时间和要求。

亲爱的保育员们:

保育员在教育体系中扮演着至关重要的角色,是孩子成长道路上的守护者和引导者。教育,作为点亮心灵的灯塔,不仅需要教师的辛勤耕耘,更需要保育员的悉心呵护。保育工作不仅仅是照料孩子的日常生活,更是在无形中传承文明的薪火,而教育精神则是教育事业的灵魂与支柱。为了深入探讨教育精神的内涵与价值,促进教育理念的交流与碰撞,我们特举办此次"教育精神大家谈"在线读书会,诚邀您参与!

活动主题:探索教育精神,共筑教育未来

活动时间:[具体活动日][开始时间]—[结束时间]

活动形式:本次读书会将通过[线上平台名称]进行线上直播讨论与交流互动。

活动要求:请您提前阅读相关教育精神书籍或纪录片,推荐书目为《清源活水》(中托文化传统)、《从草根教师到人民教育家——于漪传》(当代教育楷模);推荐纪录片为《良师》(当代教育家故事)。请做好读书分享准备,期待我们共读好书、共度好时光。

2. 活动组织

(1)主持人开场:我们提前阅读了《清源活水》,了解了中托文化传统;提前阅读了《从草根教师到人民教育家——于漪传》,学习了我党当代教育楷模的事迹;观摩了纪录片《良师》,了解了当代教育家的感人故事,老师们也有很多感悟和心得,期待大家的分享。希望大家在活动期间积极参与互动交流,尊重他人的观点与意见,共同营造良好的学术交流氛围。

(2)主题分享讨论:每位参与者分享自己在初入岗位、深入实践中对相关教育精神的感悟与体会。

(3)嘉宾提问互动:嘉宾(可以外请嘉宾,也可以是园所领导)结合自身丰富的教育研究经验与实践经历,深入剖析教育精神在当代教育环境中的新内涵与新要求,点评参与者的分享。

3. 持续成长:为了促进教育精神的传承与发展,我们将建立一个长期交流的社群,计划每学期或每年推荐一系列书籍,保育员可随时分享自己的阅读体验和感悟。

(三)座谈会:送你一朵小红花——捕捉教育瞬间,彰显师者风范

活动地点:会议室

参与人员:主管领导、职初保育员、特邀嘉宾(亦可是园所领导)

活动准备:提前拍摄教育精神照片、准备身边的教育精神故事

活动内容:

1. 通知发布

亲爱的保育员们:

教育是一项伟大的事业,需要保育员在日常教育生活中默默耕耘、闪耀光芒,用细心、耐心和爱心,为孩子们营造一个温暖和安全的成长环境。为了深入挖掘和弘扬身边的教育精神,幼儿园特别开展"发现身边的教育家——捕捉教育瞬间,彰显师者风范"活动,请您:

(1)用心观察身边同事的教育工作日常,为其拍摄一张能够体现教育精神的照片。照片可以是与幼儿的深入交流谈心,可以是精心保育实操,也可以是彼此工作研讨等,只要能展现出教育者的敬业、关爱、智慧、奉献等教育精神特质均可。

(2)为所拍摄的照片撰写一篇简短的故事(字数在300—500字)。故事要详细描述照片拍摄的背景、当时发生的具体事情以及从这些事情中所体现出的教育精神内涵。

故事分享会的时间为[具体活动日][开始时间]—[结束时间],活动将在会议室进行,请带上您的照片和故事与会分享。

2. 分享会流程

(1) 分享:"捕捉教育瞬间,彰显师者风范"故事分享会。

(2) 评选:送你一朵小红花,照片故事投票。

(3) 颁奖:园所领导为获奖摄影作品和故事颁奖。

3. 持续宣传

对摄影作品和故事进行摄影展出,优秀作品建议将在幼儿园官方平台进行宣传,推动大家共同感悟身边的教育精神力量。

职初期培训活动案例(三)

一、培训活动主题

"育"见科学:《托育机构保育指导大纲(试行)》的实践与体悟

二、培训活动对象

全体职初期保育员

三、培训活动目标

(一)基于日常实践,明晰岗位操作规范,引发职初期保育员对《托育机构保育指导大纲(试行)》(以下简称《大纲》)的初步思考与解读,积累成长经验。

(二)通过任务驱动,建立教养融合认同感,促进职初期保育员以《大纲》为引领的自我反思与总结,加快成长速度。

(三)搭建共研平台,助力深度交流研讨,推动职初期保育员多角度体悟《大纲》,提升成长质量。

四、培训活动方式与时间

（一）集体线上会议：1—2次（线上平台）。

（二）分组教研会议：两周1次,为期1个月（会议室轮流）。

（三）集体研讨会议：1—2次（报告厅）。

五、培训活动过程

第一阶段：召开专题培训,集体学习文件

为引领职初期保育员深入学习并贯彻落实《大纲》精神,明确自身的岗位职责,将由我园保育管理领导负责组织召开集体线上会议。会议内容主要分为以下两大模块。

1. 保育教研组长对《大纲》的核心理念及重要条款进行细致解读,围绕中托保育规范进行经验分享,并与保育员进行提问交流,深化保育员对《大纲》的认识,促进知识的回顾梳理,如《大纲》从哪些方面进行了阐述,你认为《大纲》的重要意义有哪些？

2. 职初期保育员结合目前的工作实践,针对某一方面的内容,分享学习感受,初步思考改进策略,保育教研组长给予针对性的建议。

第二阶段：分组发布任务,定期开展教研

为建立职初期保育员的教养融合意识,促进其对自身专业发展的了解与认同,将理论融于实践,本次培训按年级分组,以小组为单位进行,由经验丰富的成熟期保育员担任小组组长,组长邀请5—6名保育员老师组成团队,进行组内扶持与研讨。各年级组教研组长每周按照《大纲》模块顺序发布任务,并定期召开教研会议。

3. 任务内容

（1）每次教研会议将由组内的一名成员按照本周主题模块进行案例分享,其他成员根据该案例进行聚焦研讨；组内每位成员基于每日自我反思提炼出1—2条保教实践经验或疑问,并于会中进行分享、交流与探讨。

（2）由各小组组长对教研会议进行总结和记录,会后对文件进行整理。

4. 各年级组任务发布主题

年级组	聚焦主题
托班	生活环节照护
小班	生活卫生习惯
中班	自我服务意识
大班	生活自理能力

第三阶段：提炼优质经验，聚力思维共享

为创设资源共享、优势互补的学习与培训环境，促进各组之间的相互交流，实现共同成长，在各组模块任务完结后，召开集体研讨会，整理和公布各组研讨成果，提升全体保育员对保育质量的共识。具体流程如下：

1. 由各小组推选两名组内代表进行发言，分享优秀保教实践经验与案例，分享结束后全体成员进行现场讨论与交流。

2. 由保育教研组长根据各组分享内容，提炼并优化各年龄段幼儿保育的关键策略，确保保育工作既符合幼儿发展规律，又满足实际需求。

3. 全体培训成员在培训结束的一周内提交个人培训总结报告。

职初期培训活动案例（四）

一、培训活动主题

　　细微之处见真章：保育员岗位的职责与使命

二、培训活动对象

　　全体职初期保育员

三、培训活动目标

（一）理解保育工作的价值：帮助保育员认识保育工作对于儿童早期发展的重要性，理解、重视保育工作，从而在日常实践中更加注重细节。

（二）提升基础操作规范度：帮助保育员在日常工作中掌握基本操作流程，确保他们能够准确地完成各项任务，逐步提高工作中的规范性和细致度。

四、培训活动方式与时间

培训方式：讲座

培训时间：入职一个月前后

培训地点：报告厅

五、培训活动过程

保育员入职一个月后，对岗位职责应该有了初步的了解，也通过日常工作积累了一定的实践经验。然而，他们可能会发现，保育工作比预期的要更加细致和复杂。为此，我们将组织一系列针对性的培训课程，旨在帮助他们更快地适应工作需求，同时提升工作效率和服务质量。

第一阶段：保育有妙招，细节显智慧——保育经验分享活动

在保育工作中，每一个小环节都是确保幼儿在园中健康快乐成长的基础。通过对细节的关注，保育员不仅能为孩子们创造一个安全、舒适的环境，还能培养幼儿的良好习惯，促进他们的全面发展。

本次保育经验分享活动邀请经验丰富的成熟期保育员，对不同板块的工作内容进行深入解读，并就保教结合中的细节要点提供行为指导，以期提升保育工作的整体质量。分享主题包括但不限于以下内容：

主题	内容要点
来园、离园	物品的准备和归纳，门窗电器的开启和关闭 关注幼儿精神状态和着装的更替，与幼儿热情问好和告别 要点：健康关注，读懂晨检牌颜色的意义并作出回应措施

续 表

主题	内 容 要 点
盥洗、饮水	老师合理分工站位、幼儿有序分组进行 要点:注重朗朗上口儿歌的重复并用会说话的环境做提示
进餐	规范消毒、环境创设、进餐护理、能力培养、餐后清洁 要点:根据幼儿过敏体质和个体发育区别分发饭菜
运动	运动前的材料提供,对场地、幼儿的安全检查 运动中的保育护理,如适时擦汗脱衣,保护幼儿安全 运动后清点人数,更换收纳幼儿衣物和保育物品 要点:生活用品如汗巾、收纳筐、花露水、饮用水等的准备
午睡	环境准备与创设、安全检查、室温把控、穿脱衣指导 要点:勤巡视、"两开两关"、体温监测、"三轻"

第二阶段:提问交流环节,专家解答疑问

请与会人员将讲座内容结合实际工作情况,进行反思和提问,邀请专家(成熟期保育员、医务室老师、保育教研组长、保育管理领导)对问题进行解读和分析,给予权威性的提高意见和建议,让保育老师明白如何在实践中践行具体路径。

案例1:平日里幼儿离园前,老师对幼儿进行着装检查时,若发生幼儿局部衣物在如厕或洗手时弄湿的情况,我们需要帮助幼儿脱下衣物,用电吹风吹干,但是时间实在紧凑时该如何应对呢?

离园前如有幼儿尿湿衣物,我们需尽快帮幼儿从备用衣物里取出一件薄厚适宜的衣服更换,如来不及搓洗衣物,可将衣物先放置在一边,先以幼儿安全离园为主。告知幼儿家长,让其稍等片刻,待班级幼儿安全离园后,再将搓洗过的衣物装袋交于家长。若是局部浸湿一点点,从幼儿舒适的角度考虑,可用干毛巾垫着隔湿,并告知教师,方便教师与家长沟通。

案例2:户外运动时,女生的发饰、发夹等是否需要取下?取下或不取下的理由和思考分别是什么?

带有尖角的发夹：不管大小都需要取下，以防引发危险；有软布包裹的发夹：考虑幼儿头发的情况，如果头发太碎太短，遮挡视线，需要发夹固定，这时候可以夹，因为遮挡了幼儿视线的话，也会存在危险；魔术贴：不需要取下，但是需要注意，数量不能过多，也不能太松，避免运动中滑落，遮挡视线，引发危险。如果班里幼儿有碎发或头发太短，遮挡视线，但是喜欢戴尖角发夹的情况，可以备一些魔术贴。

第三阶段：讲座后设立定期保育工作监测

讲座明确了保育工作行为准则后，以各年级组为单位，定期召开保育工作研讨的小组会议，可使用《保育员卫生消毒工作自查表》和《保育员一日工作流程自我检测表》（详见本书第二章第三节），对近期保育工作进行自我复盘与评估，达到提高工作效率的目的。

职初期培训活动案例（五）

一、培训活动主题

聚焦一日生活，提升保育技能

二、培训活动对象

全体职初期保育员

三、培训活动目标

（一）知识与理解：根据各年龄段的一日生活流程安排，深入掌握保育员一日工作流程，确保保育员全面了解日常工作内容，形成扎实的理论基础。

（二）实践与应用：熟练掌握并应用基本的保育规范与操作细节，鼓励保育员将理论知识细化到日常工作的每一个细节中，实现理论与实践的深度融合。

四、培训活动方式与时间

（一）带教：开学初期以老带新手把手指导（地点：各班教室）。

（二）微格学习：日常工作中保育流程细节化（地点：报告厅）。

五、培训活动过程

第一阶段：带教

职初期保育员可以通过成熟期保育员的带教，直观地观察、学习和交流，这不仅有助于他们迅速掌握规范流程，还能通过具体的带教模式，使保育工作内容更加明确。

1. 现场示范：成熟期保育员对日常工作中的每一个环节都进行现场示范，如清洁消毒、幼儿饮食照料、午睡管理等，让职初期保育员直观地看到每个步骤的正确操作方法。

2. 交流分析：定期组织交流会，让职初期保育员提出自己的疑问和困惑，成熟期保育员则根据自己的经验分析原因，并给出建议和解决方案。

3. 跟岗实践：经过观察学习，职初期保育员能够逐步独立承担并胜任班级保育工作，他们可以通过亲身参与，学习如何管理班级、照顾幼儿，以及如何处理突发事件。

4. 个性化指导：成熟期保育员对职初期保育员的工作进行观察和反馈，针对职初期保育员的个人特点和需要，提供个性化的指导和建议，帮助他们及时调整和改进工作方法。

第二阶段：微格学习

为了解决职初期保育员对一日生活流程不熟悉的问题，我们将采用微格学习的方式，通过模拟实际工作场景，让保育员在模拟环境中进行学习和实践，以提高其专业技能和职业素养。

1. 前期准备：将全体职初期保育员分为托班、小班、中班和大班4个小组，每组4—5人，由经验丰富的成熟期保育员担任组长。其次，根据保育员岗位职责，制定详细的计划，包括模拟活动的具体内容和顺序等。

2. 小组展示:将模拟任务分配给每个小组,每位保育员须承担不同的角色和责任,他们将根据分配的任务,在模拟环境中完成学习任务,如模拟组织活动、应对紧急情况等。

3. 集中讨论:微格学习结束后,组织一次集体讨论分享会,邀请参与微格学习的保育员分享他们的想法、感悟及挑战,同时鼓励跨年龄段交流,促进其对幼儿行为特点的深入理解。

4. 个人反思:每位保育员须结合微格学习和日常工作,反思自己的工作是否符合规范,旨在帮助保育员从实践中学习,提升专业素养,确保保育工作的质量和效率。

职初期培训活动案例(六)

一、培训活动主题

科学保育,"卫"爱护航——中托消毒规范的细化、深化与内化

二、培训活动对象

全体职初期保育员

三、培训活动目标

(一)通过专题培训,促进保育员深入了解消毒操作的详细流程与规范,确保理论得以巩固,实操技巧得以强化,实现消毒规范的细化。

(二)通过制作锦囊,推动保育员对消毒知识的归纳、整理与记忆,加深对消毒标准的理解,实现消毒规范的深化。

(三)通过常态化培训,强化保育员消毒规范记忆,逐步提高其消毒操作水平和工作质量,实现消毒规范的内化。

四、培训活动方式与时间

（一）开展消毒规范专题培训，为期一周。

（二）分组合作生成消毒锦囊，为期一个月。

（三）消毒工作常态化培训，持续进行。

五、培训活动过程

第一阶段：消毒规范的细化，开展消毒规范专题培训

本园将开展中托消毒规范工作专题培训，由各园区保教主任与医学博士共同确定专题培训内容，致力于全面提升职初期保育员对卫生消毒工作的重视程度和思想认识。

此次专题培训将以一日生活中各类物品及环境的预防性常规消毒的规范化与常见传染病的消毒要求为重点，具体形式为PPT讲解结合实践操作，即先由各园区保教主任根据主题以PPT的形式进行详细讲解，而后保育员须在现场进行模拟消毒实践，保教主任将即时反馈操作中出现的问题，确保每位保育员能正确理解和实施消毒程序，切实提升消毒实践能力。

主讲人	专题培训内容	地点
保教主任	幼儿园一日生活中保育及具体工作流程	大厅
	消毒工作规范记录培训	
	传染病预防隔离及托幼机构消毒要求	
医学博士	幼儿常见传染病的预防、消毒及相关内容	报告厅

第二阶段：消毒规范的深化，分组合作生成消毒锦囊

1. 发布任务

由保健室召开保育员全体会议，分组合作将所学的消毒规范归纳整理，以逻辑思维导图的形式生成易于理解与记忆的消毒锦囊，在整个过程中进一步深化保育员的消毒规范知识。

2. 分组制作

分组要求：按年级分组，每组8—9人，设组长1人、副组长1人。（注：组长为成熟期保育员，副组长可为成熟期保育员或发展期保育员）

	（1）活动室消毒要点
	（2）"两点一餐"消毒要点
分组内容	（3）盥洗室消毒要点
	（4）各类玩具消毒要求
	（5）发生传染病后消毒要点

3. 集体审议

待各组任务完成后，由保健室负责召开集体研讨会，各组对自己负责的板块进行集体展示和讨论，对照标准集思广益，对内容进行查漏补缺。由科研室负责对各组提交的内容进行最终整合，生成中托保育消毒工作应知应会锦囊集，下发至各班保育员处，由保育员张贴于班级内，使得保育员在日常工作中也能随时复习巩固相关知识和技能。

◆ 锦囊示意图：

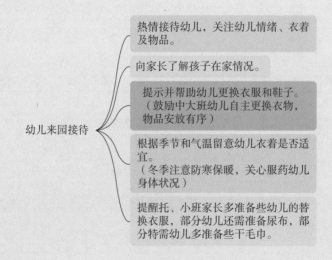

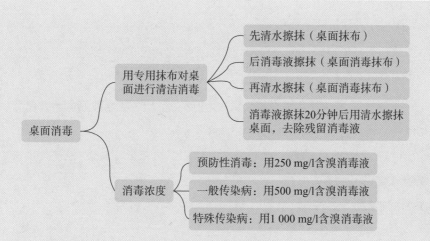

第三阶段：巧妙应用消毒锦囊，实现消毒培训常态化

锦囊作为日常工作的参考手册，应放在保育员日常工作中容易触及的地方，便于随时查阅，如工作服口袋、工作台、工具柜或者个人储物柜中，确保在需要时能够迅速找到并使用，也可以在园所的公共区域设置共享的锦囊放置点，供所有保育员参考使用。

为督促职初期保育员的消毒规范工作，园所将通过多种形式进行考察，以保障消毒操作始终符合规范，例如以中托"学术节"为平台开展保育技能大比武，让保育员现场进行消毒工作展示，观察保育员在实际操作中的表现，重点考察其是否能严格按照消毒规范的标准程序进行消毒操作，从专业角度进行解读。

职初期培训活动案例（七）

一、培训活动主题

规范隔离操作，守护小树苗健康

二、培训活动对象

全体职初期保育员

三、培训活动目标

（一）发现班级幼儿感染传染病后，能够有序开展规范的隔离消毒工作，切断传播途径。

（二）在班级医学观察期间，能够有效加强幼儿全日观察，控制传染源、保护易感儿。

四、培训活动方式与时间

活动方式：讲座、模拟演练

讲座时间：8月中下旬（建议在开学前进行）

讲座地点：多功能厅

模拟演练时间：分批次进行

模拟演练地点：教室、保健室、营养室取餐口、专用隔离消毒间

五、培训活动过程

职初期保育员必须严格遵守规范的隔离和消毒程序。通过理论讲解与实地模拟演练相结合的方式，确保职初期保育员在面对传染病时能够迅速而有序地开展工作。

活动一：开展讲座

邀请专业医生和保健负责人讲解传染病的分类、保育员的职责、全日观察要点及异常情况处理等内容，旨在提升保育员对幼儿园常见传染病的识别和处理能力。通过讲座学习，保育员在日常工作中能有效地预防和控制传染病的传播，还能在紧急情况下迅速采取正确的应对措施，保护幼儿的健康和安全。

1. 常见传染病的分类

根据《静安区托幼机构各类物品消毒方法一览表和呕吐物处置操作规范》（2018版），将常见传染病分为以下几种：

一般传染病	
呼吸道传染病	流行性感冒、水痘、流行性腮腺炎、百日咳等
肠道传染病	手足口病、疱疹性咽峡炎、急性出血性结膜炎等
特殊传染病	
肠道传染病:诺如病毒、扎如病毒、轮状病毒等	

2. 发现病例后保育员的工作职责

(1) 打包全班幼儿的午睡被褥,家长当日带回清洗暴晒。

(2) 前往保健室领取隔离消毒物品:空气消毒机、可移动紫外线灯、专用隔离消毒间钥匙、隔离班专用饭菜盛具等。

① 环境消毒

分类/消毒浓度	环境	餐桌	盥洗室
一般传染病	根据文件规定和园所实际情况,按照规范要求执行		
特殊传染病	根据文件规定和园所实际情况,按照规范要求执行		

② 幼儿的毛巾、茶杯、餐具消毒

根据不同传染病的消毒规范进行操作,并做好相应的记录。隔离消毒间应由专人负责使用(即传染病班级的保育员)。

3. 对班级幼儿的全日观察

大多数传染病都伴有发热症状,因此监测幼儿体温至关重要。同时,我们还需要根据不同传染病的特定症状制订相应的观察计划。

常见传染病	全日观察要点
流行性感冒	体温;是否有咳嗽或咽痛等症状
水痘	体温;躯干、四肢、脸部等部位是否有皮疹

续 表

常见传染病	全日观察要点
手足口病	体温;口腔、手心、足底有无异常;幼儿盥洗时可观察肛门周围有无异常
疱疹性咽峡炎	体温;口腔有无异常
急性出血性结膜炎	幼儿是否频繁揉眼;眼睑是否红肿充血、是否有分泌物
流行性腮腺炎	体温;腮腺是否肿大
百日咳	体温;咳嗽症状的表现
诺如病毒	精神状态;是否呈现喷射性呕吐

4. 针对异常情况采取不同措施

发生情况	处理方式
耳温/额温>37.5℃	送留观室复测腋温
咳嗽	多喝水、休息 症状较重要告知班主任,及时和家长沟通 若是阵发性的咳嗽,且伴有"鸡鸣"样吸气送保健观察室进一步观察
眼睛有分泌物	送保健观察室进一步观察

5. 答疑交流

参与讲座的保育员结合自己的实际工作经验进行思考,并现场提出问题,主讲人将根据实际情况现场解答。

活动二:模拟演练

为了有效应对幼儿园内可能出现的传染病病例,我们将组织一系列针对性的模拟演练,以提高保育员的应急处理能力。以下是模拟演练的详细安排。

1. 演练分组与流程

全体职初期保育员将被分为 4 组,每组由一名经验丰富的讲师带领。演练将在保健室、教室、专用隔离消毒间和营养室取餐口进行。每组将轮流到各个指定地点进行模拟演练,确保每位保育员都能熟悉不同场景下的应急操作。

2. 模拟演练的内容

地点	演练内容
保健室	模拟领取空气消毒机、紫外线灯和隔离消毒间钥匙等操作。 演练如何将体温异常或呕吐的幼儿安全转移至留观室或观察室,并进行终末消毒。
教室	演练正确使用空气消毒机,包括佩戴口罩、调整喷雾密度、及时消毒和通风。 确保呕吐物处理包、额温计、耳温计等关键物品的存放位置为所有保教人员所熟知。
专用隔离消毒间	演练正确挂放各类毛巾和使用蒸箱,以及保洁柜的使用,确保未消毒和已消毒物品的正确存放。
营养室取餐口	演练穿戴"三白"(白色围裙、帽子和口罩)并使用专用饭菜盛具。 演练在正常班级取餐完毕后,如何为隔离班取餐,并进行餐具的清洁和消毒。

3. 总结与反馈

模拟演练结束后,各组将在讲师的带领下总结常见的操作问题和改进措施。通过讨论和反馈,提升保育员对传染病应急处理流程的理解和掌握。

活动三:知识检核

培训活动结束后,职初期保育员应利用业余时间学习中托传染病操作规范等文件,一周后参加理论和实操考试,以熟练掌握传染病发生后的处置流程。

职初期培训活动案例(八)

一、培训活动主题

全方位守护:幼儿园一日安全培训

二、培训活动对象

全体职初期保育员

三、培训活动目标

(一)全面了解幼儿园一日活动中各个环节的安全要点,并深刻理解各项安全检查的意义和重要性。

(二)熟练运用各环节的安全操作规范,准确处理危险物品,引导幼儿进行安全行为,并妥善应对任何突发的安全状况。

四、培训活动方式与时间

培训方式:讲座、模拟演练

培训时间:每学期1次

培训地点:报告厅(讲座)、各班教室(模拟演练)

五、培训活动过程

第一阶段:通过讲座学习理论知识

1. 由保育专家或资深管理人员系统讲解一日活动安全知识要点,借助图片、视频等资料呈现,系统解释入园至离园安全知识框架,详细分析安检、卫生、进餐等要点,强化各环节安检意义,如细讲入园危险物甄别处置,强化防范意识,帮助保育员构建知识体系。

2. 讲解过程中设置提问与答疑环节,鼓励保育员积极思考、提问,确保其理解并掌握重点内容。

3. 培训结束后布置简单作业,如整理当天所学安全知识要点、撰写个人理解与疑问等,巩固学习成果。

第二阶段:通过带教研讨具体问题

1. 示范操作：成熟期保育员在园内通过实际场景演示，全面展示从入园到离园的各个环节的标准操作，包括动作、用语和关键要点，为日常实践树立标杆，确保操作的规范性。

2. 分组模拟：由成熟期保育员带领职初期保育员，通过模拟演练覆盖从入园到离园的各个环节。特别关注安全关键点的演练，例如喝水环节检查茶水桶的注意事项、水杯如何摆放等。

3. 纠正总结：在模拟演练中，职初期保育员将进行实际操作，而成熟保育员则负责观察并及时纠正他们的问题。演练结束后，将进行总结和点评。鼓励职初期保育员分享他们在模拟演练或实际工作中的经验、遇到的困惑以及解决问题的方法，以便大家共同探讨并优化我们的保育措施。

第三阶段：通过个性化指导查漏补缺

1. 对职初期保育员进行全面的考核与评估，了解他们对一日活动中的安全知识要点的掌握情况。

2. 根据评估结果，为每位保育员提供定制化的个人发展建议和进一步的提升内容，以激励他们持续提升自己的专业技能。

职初期培训活动案例（九）

一、培训活动主题
疾病早识别，伤害早预防——常见疾病及伤害的表现和处理原则

二、培训活动对象
全体职初期保育员

三、培训活动目标
（一）了解幼儿常见疾病的表现及特点，帮助职初期保育员更早、更快识

别常见疾病,真正做到早发现、早治疗、早预防。

（二）了解幼儿在不同年龄段存在不同类型的意外伤害,熟练掌握各类伤害的处理准则。

四、培训活动方式与时间

培训方式:讲座

培训时间:每学期1—2次

培训地点:报告厅

五、培训活动过程

本次培训活动以讲座的形式进行,主要向所有的职初期保育员讲解不同年龄段幼儿的生理特点、常见疾病症状以及各类伤害的处理方式。

1. 不同年龄段幼儿的生理特点

在儿童的每一个发展阶段,其生长发育、疾病谱以及伤害关注重点均有所不同。儿童并不是成人的缩影,与成人的差异也不仅仅局限于体格,而是一种连续且具有明显阶段性的成长过程。园所内幼儿的主要年龄分段为婴儿期、幼儿期和学龄前期。早教中心婴儿较多,他们对营养的需求较高,但消化功能容易发生紊乱,抗感染能力较弱,容易发生各类感染性疾病及营养缺乏性疾病。幼儿期需要注意培养良好的进食和卫生习惯,同时该时期幼儿对危险的识别和自我保护能力有限,意外伤害发生率非常高。对于学龄前期儿童,则要保证食物多样化,以及定期体检,按时接种疫苗。

2. 幼儿常见疾病症状表现

本次讲座会详细介绍幼儿发热、咳嗽、腹泻的临床表现。比如发热:通过对发热的分期、测量方式、体温影响因素、发热原因、常规的处理方式以及家园沟通方式进行充分细致的介绍,让职初期保育员全面了解发热的表现,同时通过举例及情景再现,让保育员能够更直观、更清晰地将理论知识融入平日的照护中。

3. 各类伤害的处理原则

通过表格的形式罗列出不同年龄段儿童的常见伤害类型,列举每种伤害类型相对应的处理原则。比如异物吸入:通过幼儿表现立即判断出可能吸入异物,通过现场视频的方式学习海姆立克急救法,实践操作部分则后续通过微格教学继续深入。

年龄段	伤害类型
0—1岁	异物吸入、高热惊厥
1—3岁	异物吸入、烫伤、跌伤、高热惊厥、外伤
3—6岁	溺水、外伤、误服药物、食物中毒

职初期保育员遇到各类意外和伤害时,沉着冷静的应对心态是至关重要的,而且正确的处理方式可以在极大程度上降低幼儿的痛苦。保育员需要牢记的是,预防意外永远比治疗重要。

4. 现场互动提问环节

讲解结束,进入保育员提问环节。保育员回顾日常照护环节中针对症状及伤害处理有疑问的地方可以进行现场答疑。后续也会定期举行相关讲座,持续夯实相关理论知识及保育技能。

职初期培训活动案例(十)

一、培训活动主题

规范应急流程,提升专业能力——模拟突发疾病时的应对策略

二、培训活动对象

全体职初期保育员

三、培训活动目标

（一）通过对园所内幼儿出现各类突发疾病的结构化情景模拟，规范保育员对突发疾病的应急处理流程。

（二）在情景模拟的实训演练中，针对各类应急应变情况，帮助保育员更好地定位自身角色并应对各类突发状况，切实做到专业能力的提升。

四、培训活动方式与时间

培训方式：微格学习

培训时间：每学期1—2次

培训地点：多功能厅

五、培训活动过程

第一阶段：集体观看急症救护的正确处理流程

在多功能厅组织保育员集体观看高热惊厥、有反应儿童的窒息解除、失去反应儿童的窒息解除、有反应婴儿的窒息解除、无反应婴儿的窒息解除以及常见外伤和出血的处理措施。边观看视频边进行细节讲解，说明对应的正确处理方式（可根据情况说明错误的处理方式，引起警示），一次场景观看结束，运用模拟教具，组织每位保育员依次上台进行单人演练。

第二阶段：分小组进行急救演练

1. 本次培训活动共有17位职初期保育员参与，以小组为单位进行结构化情景模拟。由园部领导、保健医生、保育教研组长担任指导员，共分为4组，每组由4—5名保育员组成（可根据实际人数分组）。

2. 各组情景模拟主题

组别	情景主题
1组	高热惊厥
2组	有反应及失去反应儿童的窒息解除
3组	外伤、出血处理
4组	有反应及失去反应婴儿的窒息解除

3. 每组抽签决定情景主题,依次进行结构化情景演练,其他三组观摩。同时通过摄像机、手机等多种方式拍摄情景演练场景,以便后续进行分析评价。

第三阶段:对结构化情景演练进行互评

1. 指导员对各小组进行评价。通过现场观摩各小组对抽选的情景主题演练情况,从每组的角色定位准确、临场应变得体、解决对策及应对措施得当、团队协作默契等方面进行总结,能够最大程度优化整个培训体系。

结构化情景演练评价表

组员	角色定位	临场应变	解决对策	应对措施	团队协作	总结
A						
B						
C						
D						
E						

2. 保育员对急症救护演练互评。平日工作中,一线保育员对遇见的各类伤害及应急情况都有自己的经验和处理方式。在正确的处理流程基础上,提出自己的见解和优化整个处理流程也是培训的初衷之一。通过评价表,可以客观地反馈各组存在的问题及处理的优缺点,问题的出现可以帮助保育员提前避免危险情况发生。

二、发展期保育员的培训体系

发展期保育员已具备一定的职业认同和实践经验,但仍需进一步深化理论知识与实践技能的融合。为此,培训主要聚焦现场观摩、案例分享、保育小课堂以及组织各类竞赛的方式,[①]有效地规范保育员的操作、解决实际问题、提高工作效率、激发工作热情,并帮助他们掌握教养融合的相关经验和技能。

(一) 培训方案

1. 培训目标

保育工作的性质决定了经验的积累对从业人员的专业提升具有重要意义,在这一阶段,园本培训以"技能提升、丰富经验、灵活应变"为出发点,着力提高该层次保育员对科学的保育技能的掌握和应用水平,加强他们对自身实践的反思能力和灵活应变能力,积累教养融合的实践经验。具体培训目标如下。

(1) 强化操作技能,提高工作效率

对于处于职业发展期的保育员而言,深化操作技能是提高工作效率的关键。在这一阶段,保育员应当更加专注于日常保育实践中的细节,更加注重实践经验的积累,通过反复练习和不断学习,熟练掌握各项保育技能。保育员还应积极探索并实践高效的工作流程,合理安排并统筹规划保教时间,以提高工作效率,这不仅有助于保育员个人职业能力的显著提升,更能为幼儿提供更加贴心、高效、优质的保育服务,助力其健康成长。

(2) 熟悉幼儿生理和心理发展特点

保育员必须全面而深入地了解幼儿在不同成长阶段的生理与心理发展特点。掌握幼儿的生理发展特点,有助于保育员采用恰当的方法,提供更具针对性的照护服务;而理解幼儿的心理发展特征,则有助于保育员敏锐地观察与分析幼儿的行为与情感,进而优化保育与教育策略。通过园本培训,保育员能够掌握幼儿身体成长的基本规律,理解幼儿情感、认知和社会性发展的关键点,更加科学和敏感地回应幼儿的需求,为幼儿提供适宜的照顾和教育。此外,这一培训能够让保育员在日常工作中做出更合理的判断和决策,为幼儿创造一个顺应需求的成长空间。

---

① 李毅.开展多元化园本培训,促进教师专业成长[J].学前教育研究,2002(04):46—47.

（3）掌握教养融合相关经验与技能

教养融合使保育员从单一的照料者转变为教育合作者，这也提升了保育工作的整体质量。保育员在实际工作中不仅要提供基本的照顾和保护，还要能够在日常生活中融入教育元素，实现保育与教育的有机结合。因此，保育员需要理解幼儿的身心发展规律，掌握如何在照顾幼儿的同时，通过日常活动促进幼儿的学习和发展。这种融合要求保育员具备观察、评估和引导幼儿的能力，以及在各种教育活动中与教师有效配合的技能，提高保育工作的质量，使他们成为幼儿成长过程中的重要教育者。

2. 培训内容

发展期保育员的培训内容在规范操作方面注重深化操作技巧、优化方式、提升效率，在教养融合方面，主要关注幼儿在园一日生活活动环节，包括来离园环节、餐点环节、如厕环节、盥洗环节、喝水环节、午睡环节、户外运动与学习游戏活动中的保育，从环境创设、活动组织、幼儿指导等方面进行针对性培训。具体开展了以下几个方面的培训。

（1）强化常规消毒规范与实践质量和效率的培训

保育工作也是一项技术性工作，娴熟的工作技巧是保育员工作效能的直接体现。在我园多年的保育实践中，积累了一大批保育操作技巧，聚焦操作过程中的重点问题，生成好办法、小妙招。我们将这些常规操作技巧收集成册，编制了《卫生消毒小技巧》和《保育金点子》学习手册，及时丰富这一模块的内容，不断优化保育工作质量。

（2）在幼儿一日生活中开展教养融合实践的培训

保育员的教养融合知识与技能是保育员专业素养的体现，能有效助推幼儿园保教质量的提升。在教养融合实践能力的提升方面，我们从保育员的日常实践各环节入手，帮助保育员进行自下而上的学习，通过基于具体场景的教养融合实践经验的积累，逐渐建构有关生活活动中环境创设、活动组织、幼儿指导等方面的教养融合知识和技能。

（3）班级体弱儿的特殊护理及管理指导的培训

幼儿园体弱儿包括营养不良、生长迟缓、肥胖、贫血、早产易患病幼儿。保育员在一日生活中需要对体弱儿进行个别化护理，并负责跟踪档案的记录，其中需要保育员具备幼儿个别化指导、观察等专业知识。针对这一培训内容，我们界定了原因分析、应对策略两个方面的培训内容。

3. 培训方法

为了全面提升发展期保育员的操作规范和工作效率,我们采取了更具专业性发展的培训方法,进一步融入了多元化的实践环节,包括现场观摩、案例分享、技能竞赛以及保育小课堂等,帮助他们掌握教养融合的相关经验和技能,从而更好地服务于幼儿的成长和发展。

(1) 现场观摩

通过组织保育员直接观察和学习其他保育员在实际工作中的操作流程和技巧,积累相关的优秀实践经验,这种互动式的培训能针对性地提升其专业技能。同时,观摩的过程也是对自己的实践操作进行检验的过程,能针对平时没有注意到的问题进行及时优化。现场观摩能够使保育员直观地学习和吸收优秀经验,促进保育员之间的交流与合作,也有效地解决了保育员在实际工作中的具体问题,提升托幼机构的保教质量。

(2) 案例分享

以一个具体的案例为载体,案例通常对保育员日常工作中容易碰到的问题情境进行深入的分析,让保育员在分析与交流中,了解看待问题的视角,习得分析问题的方法以及掌握问题解决的策略技巧,并鼓励保育员有新的尝试和探索。在分层式园本培训中针对环境创设、活动组织、幼儿指导方面的问题,开展了多种主题的案例分享培训活动,并积累了一批经典的保教实践案例资料。

(3) 竞赛

竞赛是借由竞赛的形式,以赛促学,赛教结合来实施培训的一种方式,能有效激发保育员的自学潜能,提高其专业能力,加强团队合作意识,并促进保育员之间的交流与合作,从而达到提高保育员相关能力的目的。竞赛的组织形式多样,包括个人赛和团体赛,我园先后开展了保育员操作技能评比、"教养融合"保育微视频拍摄竞赛等活动。通过竞赛,能够帮助保育员发现自己的欠缺之处,有效地提升个人保育技能。

(4) 保育小课堂

保育小课堂作为一种创新的参与式培训模式,旨在搭建一个保育员之间深度交流与学习的桥梁。在这一平台上,保育员们不仅有机会总结并分享自己在实践工作中的宝贵经验——涵盖配合教育策略、细致入微的生活护理技巧以及高效的卫生管理等多个方面,而且通过采用交流介绍、现场演示等形式进行展示。这种培训方法有利于激发保育员的自主学习热情,鼓励他们在积极参与中主动思考、勇于实践,能够对所学内容进行系统性的梳理与内化,从而在提升个人专业技能的同时,促进团队整体保育水平的提升。

(二) 培训案例

发展期培训活动案例(一)

一、培训活动主题

消毒小技巧,保育金点子——助力保育员技能提升

二、培训活动对象

全体发展期保育员

三、培训活动目标

(一) 梳理、反思日常保育工作的各个环节,进一步优化保育工作的流程,提高保育质量和效果。

(二) 通过案例分析、经验交流和观摩实践,使保育员在实际工作中能够更好地运用科学合理的方法,积累保育工作技巧。

四、培训活动方式与时间

(一) 保育小课堂:每月1次,为期一学期。

(二) 观摩与实践:每月1次(地点:各班级轮流)。

五、培训活动过程

(一) 保育小课堂

保育工作主要分为清洁消毒和幼儿照护两大板块。在日常工作中,发展期保育员已经积累了一定经验,通常能够熟练掌握清洁消毒的要领。保育小课堂主要针对幼儿照护展开,邀请成熟期的保育员分享保育工作中遇到的经

典案例和应对策略,发展期保育员也可以将日常工作中积累的小技巧和好方法进行分享,共同促进幼儿的身心健康发展。四次分享主题如下:

时间	9月	10月	11月	12月
主题	卫生消毒	盥洗	餐点	午睡与运动

案例分享:以盥洗环节的指导为例,针对不同年龄段幼儿的特点,在分享环节中深入探讨幼儿如厕训练和情感引导两大核心问题:如厕训练方面,讨论如何引导幼儿建立良好的卫生习惯;情感引导方面,侧重于如何通过游戏化的设计,运用角色扮演、情景模拟等方法,引导幼儿自然过渡如厕,让保育员精准地把握幼儿需求,提供更贴心的保育照护。

头脑风暴:在这一环节中,保育员们将深入探讨他们在实践过程中遇到的难点问题,并通过互动研讨和头脑风暴来整合实用的小技巧和创新的金点子。通过这样的讨论,激发保育员之间的相互启发,共同探索解决问题的有效策略,借助集体智慧,发现更高效和创新的方法来应对挑战。

(二)实践观摩

在该环节中,保育员走进不同班级,亲身参与分享者的日常保育工作,观察并学习成熟期保育员的工作流程和细节处理。通过实地体验,将所学理论知识与实际操作相结合,不断提高自身综合素质。同时,这种方式也促进了保育员之间的相互学习,营造了良好的团队氛围。

1. 观摩时间与内容安排:依据保育小课堂的计划,每月的小课堂与观摩将围绕同一主题展开。以10月份盥洗主题为例,特别关注如厕环节。在这一环节中,可以观摩成熟期保育员如何指导儿童独立如厕,如何应对紧急情况,以及如何维护卫生和清洁。

2. 反馈和总结:每次观摩结束后,将组织讨论会,让参与者分享他们的观察和思考,以便为未来的工作提供改进的依据。通过这种交流,我们可以集思广益,共同推动保育工作的进步。

(三)经验整合

在成熟期保育员的带领下,回顾所学的知识和技能,巩固学习成果,并完成《卫生消毒小技巧》和《保育金点子》的撰写。另外,通过读书会等形式,分享和学习彼此的宝贵经验,促使保育员在实践中不断提升自己的专业技能,帮助发展期保育员逐步形成保教融合的教育理念。同时,推动保育团队在专业成长的道路上不断前行。

发展期培训活动案例(二)

一、培训活动主题

优化早点环境创设,深化教养融合实践

二、培训活动对象

全体发展期保育员

三、培训活动目标

(一)深化早点环节环境创设理解。旨在引导发展期保育员深入掌握不同年龄段幼儿的身心发展规律与需求,能够针对性地优化保教融合策略。

(二)强化早餐环境创设与实践能力。通过组织现场观摩活动,让发展期保育员近距离学习并吸收优秀同行在早餐环境创设上的先进经验,激发幼儿食欲。

四、培训活动方式与时间

(一)现场观摩

现场观摩活动持续四周,每周选取托、小、中、大四个年龄段中一个年级的某个班级。观摩安排在每周幼儿早点前10分钟,避免影响班级幼儿进餐,具体时间根据观摩班级的日程灵活调整,每次观摩时长为10分钟。

(二)保育小课堂

时间:周二中午13:00—14:00

地点:报告厅

五、培训活动过程

第一阶段:经验积累

在托、小、中、大班四个年龄段中,各选出一位在"早点环境创设"方面具有丰富经验的成熟期保育员。邀请他们展示并分享本班幼儿在早点环节中的发展需求、环境创设的亮点及其对幼儿发展的重要性。

第二阶段:现场观摩

1. 发展期保育员将被分为四组,分批前往成熟期保育员所在的班级进行现场观摩。在此过程中,他们将学习成熟期保育员如何基于幼儿的年龄特点,巧妙地利用环境与幼儿进行积极的互动,激发幼儿对早点活动的兴趣,充分展现保育与教育相结合的能力,以实现保教融合的目标。

2. 观摩期间,每位保育员在观摩记录表上进行记录。

观摩班级:	
观摩时间:	
记录人:	
早点环境创设的亮点(举例)	
师幼互动的亮点(举例)	
对于教养融合的理解	

3. 交流讨论

观摩结束后,组织专题研讨会,发展期保育员可以讨论他们的观察和学习,也可以与成熟期保育员们进行交流。

第三阶段：保育小课堂

1. 邀请托班、小班、中班和大班的四位经验丰富的成熟期保育员，分享他们在各自班级早点环境创设中的关键点和创意思路。同时，发展期保育员参与观摩学习，并基于所学内容，分析并提出改进和优化早点环境创设的方案。

年级组	创 设 内 容
托班组	合理布局早点区，方便幼儿自主取餐，培养自主用餐能力
小班组	利用环境创设引导幼儿认识食物，学习自我服务
中班组	结合幼儿的个性化需求，设计能够参与自我照护的环境
大班组	在早点环节融入服务他人任务，让幼儿体验责任感与成就感

2. 互动交流与答疑环节

参训保育员将根据汇报内容进行深入交流，而成熟期保育员则提供专业点评并解答疑问。在这一过程中，参训保育员可以就早点环境创设中遇到的疑惑和问题向成熟期保育员寻求指导，双方通过深入探讨和交流，不仅加深了对早点环境创设重要性的理解，也有效提升了自身的实践操作能力。

发展期培训活动案例（三）

一、培训活动主题

优化餐点活动中的保教融合实践

二、培训活动对象

全体发展期保育员

三、培训活动目标

（一）聚焦餐点活动，促进发展期保育员基于幼儿发展规律与需求思考自身的保教融合行为，更好地理解"儿童发展优先"理念。

（二）通过任务驱动，促进发展期保育员总结与梳理餐点活动中的保教融合实践经验。

四、培训活动方式与时间

微视频制作，为期一个月。

五、培训活动过程

第一阶段：发布微视频制作活动要求

1. 针对当前存在的问题，本次培训活动按年级分组，以小组为单位进行。由经验丰富的发展期保育员担任组长，组长邀请4—5名保育员组成团队。

2. 各年级组微视频制作的主题

年级组	主　题
托班	针对新生入园焦虑情绪，实施入园餐护理中的保教融合策略
小班	偏重培养幼儿良好生活习惯的保教融合案例
中班	依托中托特殊儿童照料凸显的优势，促进保教融合
大班	关注幼儿进餐过程中的自我服务和同伴互助

3. 微视频长度控制在3—10分钟，内容要涵盖早点和午餐的保育操作。可通过PC、手机、摄像机等多种视频终端拍摄或播放视频短片。

第二阶段：各小组微视频制作推进

人员分工：各小组根据所选拍摄主题，自主进行人员分工，确保每个成员都能发挥所长，共同推进项目。

拍摄重点与内容拟定：通过小组内部讨论，明确拍摄的重点内容，确保视频能够精准传达主题思想。

专家入驻与研讨：邀请成熟期保育员、保育教研组长及保育管理领导等专家入驻各小组,开展深入研讨。通过头脑风暴,不断对拍摄方案进行调整和优化,确保方案的可行性和创新性。

脚本制定:经过两轮微视频拍摄方案的调整,各小组将拍摄主题进一步细化,形成详细的微视频拍摄脚本,注意微视频拍摄的脚本内容要突出保教融合,如何关注幼儿,以及如何呈现,将重点放在拍摄内容上,为后续的拍摄工作提供明确指导。

拍摄视频:按照脚本要求,进行微视频的现场拍摄,注重捕捉细节,确保画面内容清楚突出,并进行制作。

第三阶段:视频分享

平台展示:借由"中托学术节"的平台,展播优秀的微视频作品,让更多人了解保育工作的细节与重要性。

经验分享:邀请参与微视频拍摄的保育员分享拍摄经过、遇到的挑战及收获,促进同行间的交流与合作。

培训应用:将优秀的微视频作为培训教材,纳入园本保育培训模块,为保育员提供直观、生动的学习资源。

定期回顾与讨论:定期组织保育员回顾和讨论微视频内容,结合实际工作场景,探讨如何更好地应用所学技能,持续提升保育质量。

发展期培训活动案例(四)

一、培训活动主题

精准施策,爱的引导:保育员教养融合能力提升

二、培训活动对象

全体发展期保育员

三、培训活动目标

（一）帮助发展期保育员深入理解教养融合的理念与意义，并将其融入日常教学和保育实践中，以满足每个幼儿的独特发展需求。

（二）加强保育员在教养活动中的观察、指导和反思能力，能为幼儿提供更加精准和个性化的教育支持，实现保教融合的高质量实施。

四、培训活动方式与时间

本次培训为期四个月（一个学期），每个月围绕一个主题进行，培训采用案例分享的形式进行，每次培训时间为90分钟。

时间	内　　容	形式	地点
9月	情绪情感的个别指导：识别幼儿常见情绪问题及应对策略	案例分享	大厅
10月	进餐时的个别指导：针对不同年龄段幼儿餐具使用困难的解决方法	案例分享	大厅
11月	运动中的个别指导：特殊需求幼儿"动"起来的方法	案例分享	大厅
12月	交往中的个别指导：游戏中建立自信	案例分享	大厅

五、培训活动过程

培训主题：运动中的个别指导：特殊需求幼儿"动"起来的方法

阶段一：保教管理者经验分享

保教管理者阐述运动中的保育对于幼儿身心发展的重要性，强调保育的全面性，包括身体安全、情绪与心理状态的关注与呵护。通过具体案例，如留意幼儿面色、呼吸、出汗情况，适时调整运动强度和节奏，避免特需幼儿过度疲劳或中暑等，加深保育员对保育工作的理解。

阶段二：互动讨论

分组讨论：参训保育员按照所在年级分成托班、小班、中班、大班四个小组，围绕幼儿户外运动照护过程中遇到的困惑及挑战展开讨论。组长记录并总结小组讨论结果,形成问题清单。

问题聚焦:通过小组汇报,培训组织者汇总并聚焦关键问题,为后续案例分享提供方向。

阶段三:案例分享

邀请几位参训保育员分享自己在运动教养过程中的实操案例。这些案例应涵盖不同年龄段、不同体质幼儿的运动教养实践,比如如何激发胆子较小的幼儿的运动兴趣和能力、如何根据个体差异实施个性化运动计划、如何在运动中有效安抚幼儿情绪等。

互动环节:在案例分享后,设置互动环节,鼓励参训保育员提问、分享心得,促进知识与经验的交流。同时,培训组织者可以引导参训保育员对案例进行深入分析,提炼出可借鉴的教养策略和方法。

阶段四:总结与计划制定

总结提炼:培训组织者对本次实操案例分享活动进行总结,提炼关键学习点,强调保育工作中的关键要素和注意事项。

计划制定:鼓励参训保育员结合个人工作实际,制定个人成长计划,明确在运动中提升教养能力的具体目标和措施。

六、后续支持

建立学习社群:利用钉钉 app 建立保育学习群,定期分享相关教养心得、案例资源,为保育员提供持续学习和交流的平台。

跟进评估与指导:培训后一周内,保健老师进班了解保育员在实际工作中的应用情况,提供必要的支持与指导。同时,通过问卷调查、个别访谈等方式收集反馈,评估培训效果,为后续培训提供改进方向。

发展期培训活动案例(五)

一、培训活动主题

身体照护优先,心理养护并行——特殊幼儿的护理与照料

二、培训活动对象

全体发展期保育员

三、培训活动目标

(一)了解特殊幼儿群体的身心发展特点,观察并识别特殊幼儿需求,熟悉特殊幼儿的生理与心理护理原则,熟练掌握护理方法和策略。

(二)通过理论学习和案例分享,增强对特殊儿童生理、心理和发展需求的理解,积累有效的护理和照料经验,从而提升保育员对不同特殊儿童的护理能力。

四、培训活动方式与时间

培训方式:专题讲座、案例分享会

培训频率:每学期1—2次

培训地点:园内大厅

五、培训活动过程

第一阶段:发布培训活动要求

1. 活动分组与任务分配

本次培训活动按照幼儿所在的年级进行分组,确保每个小组的成员对幼儿的发展阶段和特点有深入的了解。每个小组由一名经验丰富的发展期保育员担任组长,并邀请4—5名保育员加入,形成一支协作默契的团队。

各小组要围绕"肥胖幼儿的特殊护理"主题,结合实际工作经验与理论学习,完成以下任务。

- 专题讲座:各小组全员参与专题讲座,重点学习肥胖幼儿的特殊护理知识。在讲座过程中,要求每位保育员认真记录重点内容,为后续的工作和

讨论提供理论依据。

- 案例收集与整理：各小组结合各自的工作经验，积极收集和整理肥胖幼儿护理的实际案例。这些案例应涵盖不同场景、不同年龄段以及不同体质的肥胖幼儿，确保案例的多样性和代表性。同时，小组要整理案例分享会的发言材料，为后续的分享和交流做好准备。
- 问题提出与研讨准备：在护理肥胖幼儿的过程中，各小组难免会遇到各种实际问题。要求各小组在活动期间，积极提出这些问题，并围绕问题展开研讨。通过讨论，不仅可以帮助小组内成员相互学习、共同提高，还可以为答疑研讨会提供有价值的议题。

2. 培训内容与主题分配

各小组根据幼儿年龄段，聚焦肥胖幼儿护理中的不同重点，具体任务如下：

年级组	具 体 内 容
托班组	关注肥胖幼儿的日常生活护理，如饮食安排、体重监测与健康观察
小班组	聚焦肥胖幼儿良好生活习惯的培养，如饮食行为引导、运动习惯的建立
中班组	探索肥胖幼儿心理养护的重要性，如自信心培养、同伴交往支持
大班组	研究肥胖幼儿自我服务能力的提升，如自主进餐、运动计划的执行

第二阶段：专题讲座与理论学习

专题讲座一："走近特殊幼儿——'儿童发展优先'理念下特殊幼儿的身体与心理护理培训"；由特邀儿童医院专家医生主讲，围绕肥胖幼儿的特殊护理进行专题讲座，涵盖肥胖幼儿的生理特点、心理需求、饮食调整、运动指导以及家庭配合等方面的内容。

专题讲座二："肥胖幼儿的护理与支持——身体照护优先，心理养护并行"；由园内资深保育员主讲，结合实际护理经验，分享肥胖幼儿护理中的常见问题与解决策略。

第三阶段：案例分享会

1. 分享会准备

为了增强案例的直观性和可读性，各小组需要制作简洁明了、图文并茂的分享材料，如 PPT 或手写记录。分享材料应涵盖以下关键内容。

● 幼儿肥胖的具体表现：详细描述肥胖幼儿的外貌特征、行为表现以及可能伴随的健康问题。

● 可能原因分析：基于专业知识和实践经验，分析幼儿肥胖的可能原因，如遗传因素、不良饮食习惯、缺乏运动等。

● 护理措施与实施：详细介绍在护理过程中采取的具体措施，包括饮食调整、运动计划、心理支持等方面。同时，阐述措施实施的过程、遇到的挑战以及应对策略。

● 护理成效与反思：客观评估护理措施的效果，如体重变化、健康状况改善等。同时，对护理过程进行反思，总结经验和教训，提出改进措施。

2. 分享会流程

案例分享：每组派一名代表进行案例分享，发言时间控制在 8—10 分钟内。分享时，要求代表语言清晰、表达准确，能够充分展示案例的特点和亮点。

互动问答：分享结束后，由特邀讲师和其他小组成员提出问题或建议。通过互动问答，促进多角度思考，激发创新思维，深化对肥胖幼儿护理的理解和认识。

总结反馈：由主持人对分享会进行总结，概括各小组的亮点和不足，提出改进建议。同时，鼓励小组成员在会后继续交流和探讨，共同提升肥胖幼儿护理的专业水平。

第四阶段：答疑研讨会

1. 问题收集与分类

在案例分享会后,各小组整理护理肥胖幼儿过程中遇到的实际问题(如护理难点、家长沟通等),提交给活动组织者进行分类归纳。

2. 研讨会形式

● 问题解答:由特邀讲师针对各类问题进行专业解答,提供科学的护理建议和解决方案。

● 小组讨论:各小组围绕特邀讲师的解答,结合自身经验进行讨论,并总结适合本园实际情况的护理策略。

3. 成果汇总与分享

各小组在研讨会结束后,整理讨论成果,形成肥胖幼儿护理的实践方案。全体保育员共同讨论实践方案,并提出修改意见,汇总形成初步的肥胖幼儿护理的操作规范。

发展期培训活动案例(六)

一、培训主题

生活活动游戏化——顺应幼儿身心发展需求的保育新策略

二、培训活动对象

全体发展期保育员

三、培训活动目标

(一)精通游戏化生活活动设计:通过培训,使保育员熟练掌握如何在生活活动中巧妙融入游戏化元素,提升活动的趣味性和互动性,确保生活活动既富有教育意义又能够有序、高效地开展。

(二)深化幼儿认知发展,实现个性化保育:加强保育员对不同年龄段幼儿在生理、心理发展特点上的深入理解,引导保育员依据幼儿的实际发展情况,设计并实施个性化的生活活动方案,真正做到以幼儿发展为本,促进每个幼儿的健康成长。

四、培训活动方式与时间

时间	内容	形式	地点
第一周	分享一日活动中生活环节的游戏化环境创设和活动设计	保育小课堂	大会议室
第二周	学习《上海市0—3岁婴幼儿发展要点与支持策略》《3—6岁儿童学习与发展指南》,了解不同年龄段幼儿生理、心理发展特点	读书会	
第三周	针对上周的学习要点,对照班级中的生活环节问题进行反思	反思研讨	
第四周	针对班级中的生活环节问题,学习设计游戏化环境和活动,进行分享	方案设计与实践	

五、培训活动过程

1. 开场致辞

简要介绍培训目的、流程及重要性,强调生活活动在幼儿一日在园活动中的重要地位,同时,保育员不应局限于保育工作本身,而应该做到幼有善育,保教融合。

各位保育员:

大家好!首先,非常感谢大家在百忙之中抽出时间参加本次培训。保育工作是幼儿健康成长的重要基石,它不仅关乎幼儿的身体健康,更涉及幼儿的心理发展、社会适应等多个方面,而在生活活动中融入游戏化元素,正是我们顺应时代发展,创新保育方式的重要举措。我们深知,幼儿期是个体身心发展的关键时期。不同年龄段的幼儿在生理、心理发展上存在着显著的差异。因此,保育工作必须紧密结合幼儿的年龄特点,做到因材施教、个性化保育,为幼儿的健康成长贡献更多的智慧与力量。

2. 分组讨论

保育员按所在年级组,分小组就座,围绕"来园、点心、盥洗、进餐、午睡、运动、游戏、离园"等生活活动,交流各自在工作中遇到的具体问题与挑战。由保育组长汇总问题,为后续环节奠定基础。以托班点心为例,可能遇到的问题与挑战如下表所示:

年级	一日环节							
	来园	点心	盥洗	进餐	午睡	运动	游戏	离园
托班	点心: 1. 幼儿对点心不感兴趣 2. 挑食偏食 3. 自我服务能力弱 4. 进食速度不一致导致等待时间长							

3. 环境创设策略分享

本环节将由经验丰富的成熟期保育员深入分享其在实践工作中关于保教环境创设和活动设计的宝贵经验。同时,我们将探讨保育环境创设和活动设计案例,特别聚焦游戏化的应用策略,如巧妙运用色彩、形状、声音等多元元素,以吸引并维持幼儿的注意力与兴趣。

发展期保育员在汲取这些前沿理念与实操技巧的同时,需要积极思考如何将这些策略有效地整合或进一步优化,以针对性地解决日常工作中遇到的具体问题。

4. 聚焦生活环节实操演练

月度聚焦:每个月选定一个具体的生活环节作为实操演练的焦点。这些环节包括但不限于入园接待、洗手盥洗、餐饮管理、午睡安排、户外活动等,确保全年覆盖所有关键生活场景。

年龄阶段优化:针对托、小、中、大不同年龄阶段的幼儿,保育员根据他们的身心发展特点与需求,对生活环节进行细致的优化调整。

年级组交流分享：各年级组需要定期围绕"××生活环节如何体现幼儿年龄特点与需求"这一主题进行深入探讨与交流。保育员们将分享各自在实践中的成功案例、遇到的挑战及解决方案，共同探索更为科学、合理的保育策略。

保教管理者参与指导：保教管理者将全程参与各年级组的交流分享活动，为保育员提供专业指导与反馈，从教育理念、实践策略、环境创设等多个维度，为保育员提供全面的支持与帮助，确保实操演练活动取得实效。

以托班点心环节为例，我们可着手打造一个既温馨又充满趣味性的就餐环境。具体实施策略包括以下几点。

- **色彩与图案的吸引力**：考虑到托班幼儿对色彩和图案的敏感度较高，我们选择了色彩鲜艳、图案可爱的小餐垫与杯垫，这些色彩和图案能够迅速吸引幼儿的注意力。
- **音乐与节奏感的引导**：托班幼儿对音乐的节奏感非常敏感，因此我们播放了轻松欢快的背景音乐，这些音乐旋律优美、节奏明快，能够舒缓幼儿的情绪，带来愉悦的就餐体验。
- **"奶牛打卡"互动游戏的趣味性**：针对托班幼儿喜欢模仿和互动的特点，我们创意开展了"奶牛打卡"互动游戏。孩子们在完成喝牛奶的任务后，可以在奶牛打卡板上贴上自己的卡通小人作为打卡记录。
- **自助能力的提升**：考虑到托班幼儿正处于自我服务能力发展的关键期，我们提供了丰富多样的小夹子、小奶壶等辅助工具，便于幼儿自主取用点心。

三、成熟期保育员的培训体系

成熟期保育员培训主要针对从事保育工作十年以上的保育员，该阶段的保育员能够熟练运用关于儿童生理和心理发展的知识，创新性地解决实践中遇到的问题，但仍需要加强反思和研究意识,培养自我管理的能力,养成自我发展的习惯。为此,我们根据园所发展目标和成熟期保育员特点,通过课题研究、讲师授课和沙龙活动,[①]助力成熟期保育员在专业领域达到更高水平,成为保育工作的领导者和创新者。

(一) 培训方案

1. 培训目标

教育是一项富有实践性和创新性的工作,其独特性在于每个幼儿都是独一无二的个体,每个时代对教育的需求也是在不断变化的。因此,对于专业的教育工作者而言,终身学习不仅是个人成长的必备素养,更是适应时代变迁、满足教育需求的关键。成熟期保育员的园本培训以"个性保育、创新实践、塑造特色"为目标,主要是帮助他们养成终身学习意识,并在实践中不断突破创新,同时要注重将先前积累的经验性知识与系统的理论性知识统整,形成个人的知识体系,成为一名具有专业特长的保育工作者。具体培训目标如下:

(1) 关注共需,尊重个体差异

在日常工作中,保育员既要关注所有儿童的共同需求,又要重视每个儿童的独特性。这一目标的内涵在于培养保育员具备全面而细致的观察力和适应性,以确保每个幼儿都能得到适宜的关怀和支持,其意义在于促进儿童的全面发展,尊重个体差异,避免"一刀切"的教育模式。通过这种培训,保育员能够更好地理解每个幼儿的特点和需求,从而提供更加个性化的保育服务。

(2) 熟练应用理论,精准应对

成熟期保育员作为保育团队中的引领者,他们不仅应深入理解幼儿的生长发育规律和心理特点,还需深度掌握各年龄阶段幼儿的具体发育程度,以及这些发展阶段的关键里程碑。这要求保育员能够将理论知识与实际操作紧密结合,以精准地应对幼儿的各种需求和挑战。通过这种培训,保育员能够更好地识别和解决幼儿在成长过程中可能遇到的问题,也能够运用多种方法和策略来应对幼儿的发展需求,为幼儿的健康

[①] 李毅.开展多元化园本培训,促进教师专业成长[J].学前教育研究,2002(04):46—47.

（3）持续学习，形成教养特色

在职业发展的道路上，保育员应当具备自我反思和持续学习的能力，这是推动其专业成长、提升保教工作质量的关键。保育员不仅要在日常工作实践中主动思考、敏锐地发现问题，更要深入分析问题的本质，积极寻求科学、合理的解决方案。保育员需要更深入地理解幼儿教育的本质，认识到自身在保教工作中的优势与不足，从而有针对性地制订个人成长计划，还应保持对新知识、新技能的敏锐度，注重培养批判性思维和创新能力，积极学习最新的教育理念和方法，将其融入日常工作中，以丰富教育内容和形式，让自己在教育实践中形成独特的教养特色。

2. 培训内容

成熟期保育员的培训内容更多地指向促进其发挥专业能力、调动专业追求。因此，其培训内容不再基于具体的工作环节展开，而是以个人保教素养的多方面提升为目标，培训模式也由发展期的自下而上转变为自上而下，即通过对保育工作中涉及的知识技能进行全面系统的学习，结合积累的经验性知识，形成自己的知识体系。在我们的园本保育培训实践中，开展了以下几个方面的培训内容：

（1）保育工作的理论学习与实践转化的培训

保育员的专业发展受到主流教育理论的影响，但是在日常实践中，保育员的教育理论知识还处于简单、片面、零碎的经验水平阶段。对教育理论的学习能帮助保育员将零碎的经验系统化、模块化，更全面地认识教育现象，更客观地解释教育问题，创新教育实践，并在引领行业发展中发挥重要作用。在本园的园本培训中，我们不仅就国内外主流前沿的保教理论观点、课程进行综合性的培训，也注重保育员对园本课程理念和课程实践内容的学习。

（2）科研能力提升的培训

教育科研能力就是将教育科研知识运用于教育科研情境，解决相应问题的实际操作能力，主要包括问题发现能力、规划设计能力、信息筛选能力、实施操作能力与书面表述能力。科研能力的培养有助于保育员形成专业自觉，不断提升自身专业追求。在园本培训中，我们通过创设多样化的平台，帮助成熟期保育员提升各方面的科研能力。

（3）保育团队管理的培训

一个高效、和谐的保育团队是提供优质保育服务的关键。保育员团队管理培训旨在提升保育员的专业素养和工作能力，确保他们能够更好地理解和执行自己的职责。随着保育员职业生涯的发展，成熟期的保育员不仅已掌握了扎实的保育专业技能，还面临着向"保育管理者"角色转型的重要任务，他们需要承担起带教职初期及发展期保育员的责任，并积极参与保育团队的整体建设与发展。因此，我们针对团队建设、时间管理、沟通技巧、冲突解决等方面组织相关的培训，通过培训，保育员能够更好地理解团队管理的核心要素，学会如何激发团队成员的积极性和创造力，以及如何有效应对团队中的问题和挑战，旨在帮助保育员掌握有效的团队管理方法和技巧，提升团队的凝聚力和执行力。

3. 培训方法

为了实现成熟期保育员培训目标，促进他们的可持续发展，我们采用了能够调动保育员主动性的培训方法，包括课题研究、讲师团和沙龙，为保育员提供一个自主学习、自由交流的平台，使其深入探索保育实践中的问题，掌握最新的保育知识和技能。

（1）课题研究

课题研究的培训方法，是让成熟期保育员参与或主持学校科研项目的培训方式。这种培训方法有助于改变成熟期保育员固有的以经验主导思考的思维惯性，在课题研究严谨的流程中，习得将感性知识与理性知识有机整合的能力。而且保育员参与到学校以幼儿活动开展为主要内容的科研项目中，是符合目前的"三位一体"保教工作开展模式的，幼儿在园活动的开展，需要保育员的积极配合，这也是活动开展成效的重要影响因素之一。

（2）讲师团

邀请成熟期保育员在本园开展讲座培训和沙龙，不仅是一种知识传递的方式，更是一种专业成长的催化剂。通过这种方式，成熟期保育员能够将理论与实践相结合，自主策划与实施培训主题，如幼儿发展心理学、健康保健知识等，这不仅提升了他们的专业能力，也锻炼了他们的组织和领导能力。同时，面向家长的科学育儿指导讲座则有助于提升家长的育儿知识，加强家园合作，共同促进幼儿的健康成长。通过这样的培训和沙龙活动，成熟期保育员能够形成自己的教养特色，也能够为整个保育团队的专业发展和教育质量提升作出贡献。

(3) 沙龙

邀请成熟期保育员主持学校定期开展的小型沙龙,不仅能够促进保育员之间的交流与合作,还能提升整个保育团队的专业水平。沙龙的对象可以是职初期、发展期保育员,也可以是家长,这样的开放性使得知识和经验的传递更为广泛。沙龙的主题多样,可以围绕幼儿生活中的问题解决,也可以探讨保育工作的有效开展。通过这样的沙龙活动,保育员能够分享和学习成功的育儿经验与家庭教育策略,同时也能够提升他们对幼儿发展需求的理解,增强沟通与合作能力。

(二) 培训案例

成熟期培训活动案例(一)

一、培训活动主题

启航科学育儿新时代:全面提升保育员专业指导力

二、培训活动对象

全体成熟期保育员

三、培训活动目标

(一)促进保育员深度梳理、系统分析相关的知识体系,形成自己的专业见解。

(二)实现理论与实践的紧密结合,进而提升其组织与指导的能力,实现个人与团队的持续成长。

四、培训活动方式与时间

本次培训为期八周,每周聚焦一个主题,分别针对家长和成熟期保育员开展。包括幼儿发热的紧急处理、异物卡喉急救方法、过敏识别与应对、意外伤害防护四个主题。家长的培训时间定于周六的上午,成熟期保育员的培训时间定于周中中午时段。

内容	培训对象	时间	地点
幼儿发热的紧急处理与护理	各阶段保育员	第一周 周二 13:00—14:00	幼儿园大厅
	家长	第二周 周六 9:00—11:00	
异物卡喉的急救方法与技巧	各阶段保育员	第三周 周三 13:00—14:00	幼儿园大厅
	家长	第四周 周六 9:00—11:00	
幼儿过敏的识别与应对	各阶段保育员	第五周 周二 13:00—14:00	幼儿园大厅
	家长	第六周 周六 9:00—11:00	
幼儿意外伤害的初步护理与防护	各阶段保育员	第七周 周一 13:00—14:00	幼儿园大厅
	家长	第八周 周六 9:00—11:00	

五、培训活动过程

培训前组建一支由四位资深成熟期保育员及一位资深保健老师构成的讲师团队。该团队将各司其职，协同合作。

成熟期保育员：凭借丰富的实战经验，这四位保育员负责将各自在保育工作中的宝贵经验系统梳理并转化为生动、实用的培训内容，同时亲自实施培训，确保学员能够从中获得最直接、最有效的学习体验。每个培训主题将由一位保育员专门负责，以确保内容的深入与专注。

保健老师：充分发挥其专业优势，对培训内容的科学性、准确性进行严格把关，确保所有传授的知识和技能都符合最新的保育理念与健康标准，为学员提供坚实可靠的专业支撑。

第一阶段:培训内容需求调查

聚焦培训主题"幼儿发热的紧急处理与护理",在培训前一周通过微信群向全体家长发放问卷,旨在了解家长对幼儿发热的了解程度,包括他们已知晓的发热症状、处理方法、就医方式,了解家长最关心的问题,收集家长对培训形式的偏好。

第二阶段:讲师团开展讲座培训

1. 准备讲座材料

问卷在培训前三天回收完毕,由讲师负责整理家长的反馈,分析家长对"幼儿发热"问题的关注点,并据此确定培训的内容。具体包括以下内容。

(1)初期症状识别:如何准确判断孩子是否开始发热,及常见的初期表现。

(2)低烧处理建议:家长应采取哪些温和的方法帮助孩子缓解不适。

(3)高烧处理策略:针对高烧孩子,家庭应如何迅速采取降温措施。

(4)何时就医决策:明确哪些情况下家长应立即带孩子就医。

(5)烧后处理指南:幼儿退烧后如何安全、有效地照顾孩子。

(6)特殊情况应对:高热惊厥的处理方法,包括如何预防、发生时如何处理等。

2. 专题讲座

(1)理论讲解环节

讲师主讲:围绕幼儿发热的常见原因、临床表现、安全有效的处理方法等核心内容进行详细讲解。通过精选案例,辅以图表、动画等多媒体手段,使抽象的理论知识变得直观易懂。

案例分析:讲师将结合实际案例,分析幼儿发热处理中的成功与失败经验,引导家长深入理解发热处理的关键要素,提高家长在面对幼儿发热时的应对能力。

(2) 互动交流环节

问题引导:讲师提出针对性问题,如"在采用温水擦拭为幼儿降温时,应避开哪些身体部位?""幼儿发热后出现哪些症状时,家长需要立即带孩子就医?"等,激发家长的思考与讨论。

(3) 实操演练环节

模拟场景:设计一个贴近现实的幼儿高热惊厥突发情况模拟场景,旨在引导家长在模拟情境中亲身体验并掌握正确的应急处理步骤。讲师分别扮演家长、幼儿和急救人员等角色,分别进行实操的示范,而且在模拟过程中,讲师鼓励其他家长作为观察者,认真观察并记录模拟过程中的关键步骤和注意事项。模拟结束后,讲师可选择性地组织家长进行小组讨论,分享观察心得和收获,同时针对模拟过程中出现的问题进行点评和纠正。

3. 总结与反馈

讲师对培训内容进行总结,邀请家长填写培训反馈表,收集意见和建议,以便后续改进和优化培训的内容和形式。

第三阶段:后续跟进与持续支持

1. 建立交流平台

建立微信群或钉钉群等线上交流平台,方便家长之间分享经验、交流心得,向讲师团咨询问题。讲师团在交流平台上分享育儿百科知识、专家解读等优质资源,为家长提供全方位的育儿支持。

2. 定期回访

讲师团可定期回访家长,了解家长在育儿过程中存在的困惑及感兴趣的话题和内容,根据家长现有的需求和反馈,调整优化后续培训活动,提供必要的指导和支持。

成熟期培训活动案例(二)

一、培训活动主题

多方协同推动,助力科研成长——保育项目研究的培训构建

二、培训活动对象

有需求的成熟期保育员

三、培训活动目标

(一)知识与理解:了解教育教学的基本理论,运用理论知识指导实践工作,培养保育员对保育工作的反思与研究意识。

(二)技能与应用:通过系统梳理相关文献资料和深入学习科研方法,增强保育员设计和实施课题研究的能力。

(三)态度与价值:在丰富的研讨活动中深刻体会团队协作的重要性,激发内在科研创新意识,推动保育实践的改进和专业成长。

四、培训活动方式与时间

培训时间:根据研究推进情况,适时开展课题研讨会

培训地点:大会议室

五、培训活动过程

(一)课题研究前期:多方协作确定项目内容

1. 确定研究内容

(1)文献政策共读:科研室教师指导成熟期保育员深入研读保育相关的纲领性文件、国家政策及前沿文献,以把握保育领域的最新动态,洞察当前保教工作中的热点问题。

(2)研究主题确定:成熟期保育员结合当前热点问题及个人在保育实践中遇到的难题,通过小组讨论等方式共同确定研究主题,以确保研究主题紧贴实际需求。

2. 撰写研究计划

(1)讲座指导:科研室教师为保育员提供专业的指导和建议,包括研究计

划的文本框架、逻辑结构和语言表述,明确撰写方向和关键点。

(2) 互动答疑:针对研究计划的各个部分,保育员们积极提出疑问,科研室的教师们则针对这些问题提供详细的解答和指导,以消除疑惑。

(3) 完善研究计划:保教管理层在研讨会的基础上进行总结,并制定出项目研究的具体步骤和时间安排,确保研究计划的顺利实施。

(二) 课题研究中期:课题研究的实践推进

由科研室的教师们为保育员提供一系列研究方法和工具的专业指导,涵盖问卷调查法、访谈法、案例分析法以及行动研究法四种常用方法。下面以问卷调查法为例,详细展示培训的具体流程和内容。

1. 信息发布

亲爱的保育员们:

选择合适的研究方法是项目研究工作中的一个关键步骤,而掌握多元化的研究方法则是确保研究顺利进行的基石。为了支持保育项目研究工作的有效开展,科研室教师将为我们深入讲解问卷调查法的含义和应用。通过这次宝贵的学习机会,本园的保育员们将能够更加深入地理解如何运用这一重要的研究工具,以提升课题研究的质量和效率!

活动主题:常见研究方法的教与学——问卷调查法

活动时间:[具体活动日][开始时间]—[结束时间]

活动地点:大会议室

请您:提前阅读群里所推荐的相关研究方法的文献和视频,期待我们共同交流学习。

2. 线下讲解

科研室教师结合自身丰富的量化研究经验与研究方法理论基础,系统化地梳理问卷调查的使用情境、设计步骤与应用要点。同时,探讨在实际应用中如何调整和优化该方法,以适应不断变化的研究环境和需求。通过讲解帮助保育员们深入理解研究方法的精髓,并将它们有效地应用于实际研究中,以提高研究的效率和效果。

3. 交流讨论

保育员们可以提出他们在自主学习过程中对问卷调查法存疑的地方,其他与会者可以参与讨论并提供解答。这种交流方式不仅能够激发保育员们之间的思维碰撞,还能共同探索问题的解决方案,进而加深对问卷调查法的理解和有效应用。

4. 持续成长

为支持保育员在调查方法方面的持续成长和专业发展,推荐中国大学MOOC等线上资源,保育员可以根据实际需求进一步了解相关研究方法的应用。

(三)课题研究后期:总结梳理科研经验

在课题研究后期组织专题讨论会,邀请课题组成员分享他们的深刻感悟和心得体会,这不仅能帮助他们总结和梳理科研过程中积累的宝贵经验,还能让保育员们深入反思研究过程,促进对科研工作更深层次的认识和理解,同时为未来的科研工作打下坚实的基础。

成熟期培训活动案例(三)

一、培训活动主题

精时·优管:开启高效保育工作

二、培训活动对象

全体成熟期保育员

三、培训活动目标

(一)提升工作效率:通过培训,使保育员能够合理规划每日工作时间与个人成长学习时间,提升保育的精细化与专业化水平。

（二）促进团队协作:培养保育员之间的有效沟通和协作能力,加深保育员之间的了解,识别并发挥各自的优势。

四、培训活动方式与时间

培训时间:每月 1 次,持续 3 个月

培训方式:沙龙分享

培训地点:大会议室

五、培训活动过程

第一阶段:确定分享的主题

1. 根据保育员的特长、教龄等,主管领导可按需组队,共分成 3 组,分别研究不同的议题,并请每一组自行推选组长,围绕小组所选主题交流经验。

2. 各组主题推荐

小组	内容
时间达人	如:制定周计划、to do 清单
保育法宝	如:纳米擦的妙用、除胶小妙招
知己识人	如:个人使用说明书

注:可根据园所的实际需求更换主题

第二阶段:现场分享

参与人:成熟期保育员、主管领导、教师岗代表

借由"中托学术节"的平台,各小组展示研讨成果。建议展示可邀请教师岗位同事一同参与,保教分工不分家,彼此了解更深可促进班级工作高效达成。

第三阶段:存档推广

资料存档:录制现场分享的视频,保存分享 PPT、视频等,留存资料,为新手保育员和发展期保育员提升保育技能做储备。

工具锦囊：

1. 制订周计划：每周开始前，与教师及时沟通，制订工作计划，包括常规保育工作及保教融合等方面的要点，提高工作效率。

2. To do 清单：一种个人时间管理和任务组织工具，通过创建一个包含所有待办事项的列表，并为每个任务设置截止日期以及提醒，清晰地了解自己需要完成的工作，保持工作和生活有序进行。

3. 个人使用说明书：在人际关系中的作用是增进相互理解，帮助他人快速、全面地了解自己，有助于加深彼此的理解、减少冲突、减少内耗，促进团队高效协作。

成熟期培训活动案例（四）

一、培训活动主题

推动保育员实践成果转化，助力园本生活课程体系建构

二、培训活动对象

全体成熟期保育员

三、培训活动目标

（一）基于经验分享，剖析现有课程中生活活动的实施现状，能够发现问题并探讨生活活动可优化的路径。

（二）培养保育员的研究意识和创新能力，鼓励其在教育实践中根据幼儿的年龄特点，设计有针对性的生活活动。

四、培训活动方式与时间

（一）沙龙分享（会议室，可根据交流情况安排次数）

聚焦"幼儿生活活动中的问题"，组织各阶段的保育员进行分享，重点分

析如何根据幼儿的兴趣和需求,优化生活活动的设计、组织与实施,以实现更有效的教育实践。

(二)课题研究(会议室,每次 90 分钟,共计 4 次)

由科研室教师组织,各年级成熟期保育员分组,梳理不同年龄段幼儿的生理、心理发展特点,探讨如何设计符合其发展需求的生活活动,形成操作性方案。

五、培训活动过程

第一阶段:问题分享交流

问题分享:保育员分享自己在生活活动中的实践经验及遇到的挑战,明晰设计方向。

自学研读:阅读文献《走近真实且面向未来的幼儿园生活教育探索》,重点关注当下幼儿园生活教育的情况,反思自己的教育实践。

第二阶段:策略交流研讨

成熟期保育员组织交流研讨会,根据前期梳理的实践中的问题,商议设计的思路,如"生活活动可以如何以游戏化的形式开展?"等,最后由保教管理者把控实践上的可操作性。

第三阶段:活动设计与实践优化

确立主题:围绕自我照顾、健康饮食、安全意识等与幼儿日常生活紧密相关的主题,设计活动目标、活动组织形式、活动内容等,形成系统的活动方案。具体如下:

年级组	核 心 主 题
托班	一日生活奥秘多——如何在生活活动中融合多样化感官体验
小班	走近自然,拥抱春天——每日餐后散步环节的巧思与妙用
中班	自己的事情自己做——以游戏为载体培养幼儿自我服务能力
大班	我的菜单我做主——基于健康饮食的生活活动设计

在托班"一日生活奥秘多——如何在生活活动中融合多样化感官体验"中，托班保育员根据幼儿不喜欢营养水这一问题，设计了以下活动方案。

孩子已有经验：	活动准备：	观察要点：
● 在生活中认识多种水果、蔬菜，知道其特征等 孩子已有表现： ● 很多幼儿不喜欢喝营养水	今日营养水成分的相关实物 ● **活动1：娃娃家（区域活动）** 　　在扮家家的游戏情境中，幼儿扮作爸爸或妈妈照顾娃娃，给娃娃喝营养水。游戏中，可以引导幼儿认识制作营养水的水果、蔬菜等。 ● **活动2：绘本《好喝的营养水》（小组活动）** 　　提供实物，看一看营养水里的水果，和老师、小朋友一问一答，根据幼儿讲出的味道、颜色、形状等某一特征进行儿歌延伸。 附：儿歌《营养水》 营养水，朋友多；大白梨，甜滋滋；胡萝卜，有营养；小苹果，味道好；玉米须，长长的；咕噜噜，装进肚。 ● **活动3：饮水前介绍（集体活动）** 　　组织幼儿围坐，事先准备画有表情的萝卜和大葱（对应营养水口味）两杯不同口味的营养水，以游戏方式个别品尝，与幼儿说一说今天的营养水是用什么制作的。	观察幼儿在扮家家游戏情境中给娃娃喝营养水的行为。 观察幼儿品尝营养水的面部表情和情绪反应（喜欢、平淡、厌恶）。 观察幼儿对于水果的语言描述，了解经验水平。

　　方案实施：鼓励保育员将设计的活动运用于实践之中，利用一日生活之中的有效契机适时开展生活活动，引导幼儿通过直接感知、实践操作和亲身体验获取丰富经验，培养关键生活能力。

　　方案优化：邀请保教管理者对保育员组织的活动进行观摩，可适时邀请其他保育员加入，并提出指导建议，重点关注活动内容是否符合幼儿发展水平，激发幼儿的兴趣，解决幼儿在生活中的具体问题。

　　以评促发展，推动保育员对各年龄段生活活动设计的理解与应用，不断调整已有的生活活动方案，为后续的保教融合实践奠定基础。

第三节
保育员分层式园本培训的反馈评价机制

《纲要》明确提出:"教育评价是幼儿园教育工作的重要组成部分,是了解教育的适宜性、有效性,调整和改进工作,促进每一个幼儿发展,提高教育质量的必要手段。"保育员不仅是幼儿园保教工作的组织者与执行者,更是确保保教活动顺利开展的决定性因素,其专业素养和技能水平的高低,直接关联并深刻影响着幼儿园的保育教育质量。为了促进保育员的专业成长,在系统化的培训过程中开展全面客观且相适宜的保育培训评价尤为重要,通过评价机制的建立与实施,保育员能够不断汲取科学的养育与教育理念,有效调整和优化自身的指导策略与行为,实现个人专业能力的持续提升。

一、保育员培训评价的内涵

(一) 保育员培训评价的定义

托幼机构保育员培训是指为了提高托幼机构保育员的专业能力和教育水平而进行的系统性培训活动。保育员培训评价是针对保育员开展的系统性培训活动效果和质量的全面评估,是通过收集、整理、分析和解释保育员在培训过程中行为表现情况和培训结束后的实际应用情况,进行效果、效率和影响判断的过程,即对其专业发展进程、教学技能掌握程度及工作整体绩效进行全面而客观的评估过程。

(二) 保育员培训评价的目的与意义

保育员培训评价的目的和意义可以从两个方面来理解,一方面是针对保育员本身,主要目的是了解保育员在整个培训过程中的能力提升情况,即保育员对知识和技能的理解和掌握,提高自身保教技能的专业化水平。保育员能够根据评价结果,认识到自己工作和专业上的不足,在下一阶段有针对地改进与提高;另外,保育员能够根据评价标准,衡量与评估自我,提高自己的专业水准。另一方面是针对培训本身,主要目的是评估培训活动的效果和质量,为未来的培训活动提供改进和优化的依据,提高保育培训的有效性。管理者能够根据评价结果,动态化地调整培训活动的内容和方法,优化培训过程;另外,管理者能够根据评价标准,完善保育管理机制,促进保教队伍的可持续性发展。

二、保育员培训评价的实践

(一) 保育员培训评价的主体

《纲要》指出,幼儿园管理人员、教师、幼儿及其家长均是幼儿园教育评价工作的参与者,[①]这一理念同样适用于保育员培训评价。评价过程需要多方共同参与,以确保评价的全面性和客观性,评价的内容不仅要关注知识和技能的提升,还要关注实际工作中的行为变化和专业发展。因此,保育员培训评价也应实现评价主体的多元性,具体包括以下几个方面。

1. 保教管理者

保教管理者作为托幼机构保育与教育的核心管理者,对保育员的工作有着全面的了解,他们能够在宏观层面上,从园所整体发展的角度出发,对保育员的专业素养、工作态度以及培训效果进行客观评价。保教管理者还可以根据评价结果,为保育员提供个性化的培训建议和发展方向,以促进保育员队伍的整体提升。

2. 保教人员

保教人员包括教师和保育员,二者在日常工作中紧密合作,共同承担着幼儿的教育和保育任务。从教师的视角出发,他们基于实际工作中的观察,能够对保育员的专业技能、团队协作能力、应急处理效率等多个维度进行全面评价。这些评价不仅为保

[①] 高敬,杨爱娟,袁敏姗等.幼儿发展评价指南[M].上海:华东师范大学出版社,2021:11—13.

育员提供了宝贵的反馈,还帮助他们精准识别自身存在的问题与短板,进而有效反映保育培训的实际成效,并据此进行有针对性的改进与提升。从保育员的视角出发,他们在实践操作和日常幼儿照护中,也能够觉察到自身的不足之处,并进行自我评估。这种自我评价使保育员能够清晰地认识到自己当前的发展阶段,从而有针对性地选择培训内容,有效提升自身的专业技能水平。

3. 幼儿

幼儿是保育员工作的直接对象,其真实感受和直接反馈对于评估保育员的工作成效至关重要。我们可以通过细致观察幼儿在保育员照料下的行为举止、情绪波动以及身体健康等多个维度,来间接反映保育员的工作质量和专业素养。同时,通过日常与幼儿的亲切交流,可以直接获取幼儿对保育员的认可度和喜爱程度,从而更深入地评估保育员的保教能力。

4. 家长

家长是托幼机构教育中不可或缺的合作伙伴,他们对保育员的工作同样拥有重要的评价权。由于幼儿在家庭中往往会展现出最真实、最自然的状态,家长能够从家庭教育的独特视角出发,对保育员在幼儿照顾方面的专业性、耐心程度以及沟通协调能力进行综合考量与评价。此外,家长还能根据幼儿在家中的行为表现,对保育员在幼儿园的工作成效进行反馈,这有助于我们更全面地了解保育员的日常工作表现,获取更为有效的反馈信息,并为保育员的工作提供更为细致的洞察与指导。

(二) 保育员培训评价的内容

保育员培训评价的内容能够明确地指出评价对象的具体方面或要素,使保育培训评价更具有可操作性和可衡量性。保育员培训评价的内容应涵盖培训的各个方面,以确保评价的全面和深入。就我园保育员园本培训而言,我们精心构建了一个全面而细致的评价体系,该体系主要从保育员培训的整体效果、保育员个人的成长与进步,以及保育工作能力在实际工作中的应用情况三个方面深入评估,这一评价体系旨在促进保育员培训内容与保育工作实践的深度融合与有机转化,同时确保能够灵活、及时地反馈保育员培训的实际成效。

1. 基于培训的深度评价

这一评价内容反馈的是培训成效，即对保育员培训内容的评价，主要评估保育员培训内容与保育工作实际需求的契合度以及参与培训的保育员对培训内容的认可度和满意度，评估培训是否成功达到了预设的目标，确保培训内容既具有前瞻性又贴近实际操作。

2. 基于个体的发展评价

这一评价内容反馈的是学习成效，即对保育员"输入"或获取培训内容情况的评价，主要评估保育员的学习态度、对知识的掌握程度、保育技能的提升程度，评估培训是否能够满足保育员个人发展的实际需求，确保培训内容既具有价值性又顺应个体差异。

3. 基于实践的综合评价

这一评价内容反馈的是应用成效，即对保育员"输出"或运用培训内容情况的评价，主要评估保育员将培训所学的知识和技能应用于日常保育工作中的实际效果、在面对保育工作中实际问题时运用培训所学进行独立思考和解决问题的能力，评估培训是否能够提高保育员的专业发展水平以及保障保育服务的质量，确保培训内容既具备有效性又能促进可持续发展。

(二) 保育员培训评价的形式

科学合理的保育员培训评价形式，可以明确培训目标、检验培训效果、指导培训内容设置、优化培训系统结构，确保内容实用性并提高培训效率和增强培训互动性。① 我园保育员园本培训评价的形式主要有终结性评价、过程性评价和项目后评价，这三种评价方式各有侧重，共同构成了全面、客观的培训评价体系。

1. 终结性评价

终结性评价在培训结束后进行，主要对保育员的培训成果进行检验，它关注的是培训目标的达成度和培训内容的有效度，即保育员是否掌握了培训中传授的知识和技

---

① 夏晨伶. 幼儿园保育质量评价指标研究[D]. 成都：四川师范大学, 2013.

能。通过终结性评价,可以直观地了解保育员对培训的反馈,为后续培训的设计与架构的改进和优化提供依据。在我园,终结性评价一般应用于评估培训成效。

2. 过程性评价

过程性评价贯穿于整个培训过程中,它关注的是保育员在培训中的学习态度和表现,包括保育员的参与度、学习积极性等。通过过程性评价,可以及时发现保育员在学习过程中的问题和困难,以便及时给予指导和帮助,为后续培训内容与方法的改进和优化提供依据。在我园,过程性评价一般应用于评估学习成效。

3. 项目后评价

项目后评价是在培训结束后的一段时间或持续更长的时间内进行的,它关注的是保育员在培训后将理论与实践相结合的应用情况,包括保教技能的提升、团队协作的能力、解决问题的方法等。通过项目后评价,可以全面了解培训的转化效果,为后续培训的组织与实施的改进和优化提供依据。在我园,项目后评价一般应用于评估应用成效。

(四) 保育员培训评价的方法

保育员培训评价的方法能够保障培训过程的顺利开展以及提高培训内容的有效性和针对性。评价方法的选择应根据评价内容和目的进行灵活调整,且同一维度的评价内容可以采用多样化的评价方法进行评估。根据本园保育员分层式园本培训的内容,我们主要采用了以下几种保育评价方法。

1. 问卷调查法

问卷调查法是通过设计合理的问卷,全面收集保育员对培训内容、方式、讲师等方面的反馈以及家长对保育员工作的满意度反馈。这一方法适用于评价保育员培训的培训成效和应用成效中的满意度。在运用时要确保问卷问题具有针对性、全面性和易答性,能够有利于数据分析,深入挖掘保育员的真实需求和意见。

2. 案例分析法

案例分析法是通过深入剖析具体的保育实践案例,来检验保育员将所学知识应用于解决实际问题的能力。这一方法适用于评价保育员培训的学习成效中保教技能的学习效果。在运用时要选取具有代表性的案例,确保案例分析与实际工作密切相关,并强化案例分析的深度与广度,引导保育员深入思考、总结经验,提高保育员的问题解决能力。

3. 实操测试法

实操测试法主要由问卷测试与操作测试两部分组成。问卷测试通常以书面或电子形式呈现,旨在评估保育员在常规理论知识、基本要求规范及特定问题观点方面的掌握程度。操作测试则是通过模拟实际工作环境的场景,让保育员在接近"实战"的条件下进行操作,以此反馈其技能的实际掌握情况。这一方法适用于评价保育员培训的学习成效中针对常规知识和基本技能的掌握效果。在运用时要确保模拟场景尽可能贴近实际工作,以增强评价的针对性和实用性,同时要重视测试后的反馈与指导环节,帮助保育员清晰认识自身不足,并为其提供改进的方向和方法。

4. 观察评估法

观察评估法通过日常保育行为观察、半日活动调研等方式,对保育员的保教能力和行为规范进行实时评估,确保其在实际工作中能够正确应用所学知识。这一方法适用于评价保育员培训的应用成效中的保教融合能力。在运用时要制定详细的观察评估标准,确保评估结果的实践性和价值性,并加强观察评估的连续性和系统性,为保育员提供持续的专业发展支持。

5. 自我反思法

自我反思法鼓励保育员进行自我评估,通过撰写培训心得、日常的观察记录与计划反思等,促进保育员对所学内容的深入理解与反思。这一方法适用于评价保育员培训的学习成效和应用成效中的保教知识和技能。在运用时要注意培养保育员的自我反思意识,鼓励其主动寻找自身不足并制订改进计划,同时为他们提供一些自我反思的工具和资源,如反思日志、专业成长计划等。

(五)保育员培训评价的实施

保育员培训评价的实施应遵循科学、规范的原则。首先,应制订详细的评价计划和方案,明确评价的目的、内容、方法和时间节点。其次,应确保评价过程的科学性和客观性,避免主观臆断和偏见的影响。同时,还要注重评价的及时性和有效性,及时收集和分析评价数据,为培训改进提供及时、准确的反馈。最后,评价结果的运用也是评价实施的重要环节,应将评价结果作为培训改进的依据,及时调整培训内容和方法,提升培训质量和效果。

在我园保育员园本培训的过程中,我们以评价内容为基础,开展了多样化的评价,具体而言主要从以下三个角度入手:

1. "培训成效"中的评价实施

在培训成效中,我们主要对保育员培训本身实施了"'保育员一日工作流程'培训效果与满意度反馈调查问卷"的评价,从培训内容评价、培训方式与效果、讲师培训表现情况、总体评价与建议四个方面展开评估。具体而言,培训内容评价聚焦知识点的全面覆盖、内容的实用性及难易度适中;培训方式与效果则关注培训过程的体验舒适度及实践操作的有效性;讲师培训表现侧重于其专业素养及教学方法的恰当性;而总体评价与建议则是全面审视培训的整体成效,并征集改进与优化的具体建议,旨在精准识别培训的优势与不足,为后续的培训优化提供有力依据。

"保育员一日工作流程"培训效果与满意度调查问卷

尊敬的保育员,您好!为了更好地了解和评估我们提供的"一日工作流程培训"的效果,我们特别设计了这份问卷。您的反馈对我们至关重要,将帮助我们不断改进培训内容和方法。请您根据自身实际情况,诚实填写以下问题。感谢您的参与和支持!

一、基本信息

1. 您的年龄:

□18—30 岁　□31—40 岁　□41—50 岁　□51 岁以上

2. 您在当前岗位上的工作年限:

□1—2 年　□3—10 年　□10—20 年　□20 年以上

二、培训内容评价

1. 您对培训内容的全面性满意吗？

   □非常满意　□满意　　□一般　　□不满意　　□非常不满意

2. 您认为培训内容是否与您的工作需求相符合？

   □完全符合　□基本符合　□部分符合　□不太符合　□完全不符合

3. 您对培训中涉及的"一日工作流程"的理解程度如何？

   □完全理解　□基本理解　□部分理解　□基本不理解　□完全不理解

4. 您认为培训内容的难易度如何？

   □难度较大　□稍微偏难　□难度适中　□稍微偏易　□内容过于简单

三、培训方式与效果

1. 您对培训方式（如：讲解、示范、带教等）的满意度如何？

   □非常满意　□满意　　□一般　　□不满意　　□非常不满意

2. 您认为培训是否有助于提高您的工作效率？

   □非常有帮助　□有帮助　□一般　　□没有帮助　□完全无帮助

3. 您是否能够将培训中学到的知识应用到实际工作中？

   □完全能够　□基本能够　□部分能够　□不太能够　□完全不能

4. 您对培训过程中互动和参与机会的满意度如何？

   □非常满意　□满意　　□一般　　□不满意　　□非常不满意

四、讲师培训表现情况

1. 您对培训者的专业能力和教学方法满意吗？

   □非常满意　□满意　　□一般　　□不满意　　□非常不满意

2. 讲师在教学过程中是否能够清晰、准确地传达专业知识？

   □完全能够　□基本能够　□部分能够　□不太能够　□完全不能

3. 讲师的教学方法是否能够激发您对培训内容的兴趣并促使您主动思考？

   □完全能够　□基本能够　□一般　　□不太能够　□完全不能

五、总体评价与建议

1. 您对培训时间的安排满意吗？

□非常满意　　□满意　　　　□一般　　　　□不满意　　　□非常不满意

2. 您对培训时长的安排满意吗？

□非常满意　　□满意　　　　□一般　　　　□不满意　　　□非常不满意

3. 在本次培训中，您认为最有价值的部分是什么、为什么？

_____

4. 您对本次培训有哪些建议或意见？

_____

感谢您抽出宝贵时间完成这份问卷。我们将认真考虑您的每一条反馈，并努力改进我们的培训。再次感谢您的参与！

2. "学习成效"中的评价实施

在学习成效中，我们对"保育员培训效果与知识掌握评估测试""保育员培训知识应用案例分析答辩""保育员培训心得与实践感悟作业"进行了评价。具体而言，保育员培训效果与知识掌握评估测试是在培训结束后立即进行，或通过一段时间的复习之后实施，采用问卷作答或实际操作测试的形式，直接检验保育员对培训内容的掌握程度和学习效果；保育员培训知识应用案例分析答辩是通过答辩的形式进行，保育员需要针对工作中遇到的实际案例，分析并提出解决方案，以此展现其将培训知识应用于实践中的思考能力和问题解决能力；保育员培训心得与实践感悟作业是在培训结束后，保育员撰写一篇心得体会，分享对培训内容的理解、实践中的应用以及个人的感悟与收获，从而深入了解保育员对培训的真实感受和反馈，旨在全面评估保育员的学习成效，从知识掌握、应用能力到个人感悟，全方位促进保育员的专业成长。

针对保育员培训效果与知识掌握评估测试，我们主要聚焦卫生消毒规范与急症救助规范两大核心领域，确保保育员能够熟练掌握并准确应用卫生消毒的正确流程与标准，以及面对幼儿突发急症时的快速、有效救助措施。

第一部分：常见传染病问答卷

姓名：　　　　　　　　班级：　　　　　　　　成绩：

疾病名称	主要症状	潜伏期	隔离期（最后一例发生起）	消毒浓度(mg/L)		
				活动室	盥洗室	玩具
流行性感冒						
手足口病						
疱疹性咽峡炎						
水痘						
急性出血性结膜炎						
猩红热						
流行性腮腺炎						
诺如病毒				拖把抹布无污染场所	盥洗室	呕吐物及污染物

第二部分：传染病常规知识试卷

姓名_____　　班级_____　　得分_____

一、消毒液配制(mg/L＝ppm)

1. 500 mg/L 的消毒液是_____升水中放_____mg 的消毒片。

2. 我所现用的消毒制剂为(名称)_____,浓度为一片_____mg。

3. 我所现用茶桶消毒制剂为(名称)_____,浓度为一片_____mg。

二、消毒液浓度要求

1. 预防性消毒：

桌面：_____mg/L,活动室物品表面：_____mg/L,盥洗室：_____mg/L,玩具：_____mg/L,浸泡_____分钟。

2. 发生一般传染病时消毒：

桌面：_____mg/L,活动室物品表面：_____mg/L,盥洗室：_____mg/L,玩具：_____mg/L,浸泡_____分钟。

3. 发生特殊传染病时消毒：

桌面：_____mg/L,活动室物品表面：_____mg/L,盥洗室：_____mg/L,玩具：_____mg/L,浸泡_____小时。

三、传染病分类

① 腮腺炎_____天,② 流感_____天,③ 秋季腹泻_____天,④ 甲肝_____天,⑤ 猩红热_____天,⑥ 手足口病_____天,⑦ 菌痢_____天,⑧ 水痘_____天,(如打过预防针后破发)_____天。

1. 以上属于一般传染病的是_____,属于特殊传染病的是_____。

2. 通过呼吸道传播的有_____,肠道传播的有_____,既可通过消化道传播又可通过呼吸道传播的是_____。

四、消毒周期

1. 预防性：

活动室_____,盥洗室_____,毛巾_____,玩具_____,床铺_____,茶桶_____,水壶_____,桌椅_____,空调滤网(使用期间)_____,空气消毒_____,紫外线_____周_____小时/次。

2. 传染病期间：

　　活动室_____,盥洗室_____,毛巾_____,玩具_____,
桌椅_____,紫外线_____小时/次。

五、发生传染病后的处理

　　1. 发生传染病后的三个处理环节

　　2. 为控制传染源必须做到的"三个及时"

　　3. 为保护其他未受感染的幼儿应坚持"四不"原则

六、餐桌的消毒要点

七、盥洗室的消毒要点（包括马桶消毒步骤）

八、如果你班级有小朋友出现水痘，你要怎么做好班级消毒工作？

九、如果你班级有小朋友出现手足口，你要怎么做好班级消毒工作？

急症救助问答卷

姓名_____　　班级_____　　得分_____

1. 儿童急症救助有(　　)个步骤。
   A. 4　　　　B. 6　　　　C. 8　　　　D. 10

2. 观察评估三要素,这些步骤需要在( )内完成。

   A. 5—10 秒　　　　　　　　B. 15—30 秒

   C. 30—45 秒　　　　　　　D. 1 分钟

3. 意识清醒的婴儿窒息时的急症救助,( )次背部拍击后,进行( )次胸部按压。

   A. 1,1　　　　　　　　　　B. 2,2

   C. 3,3　　　　　　　　　　D. 5,5

4. 心脏胸外按压的深度为( )。

   A. 1 cm　　　　　　　　　B. 2 cm

   C. 胸廓厚度的 1/3～1/2　　D. 胸廓厚度的 1/4～1/5

5. 抽搐和惊厥发作时,幼儿要采取( )体位。

   A. 平卧位　　　　　　　　B. 俯卧位

   C. 坐位　　　　　　　　　D. 侧卧位

6. 关于抽搐发作的处理,以下做法错误的是( )。

   A. 幼儿还有呼吸,立即进行呼吸急救

   B. 抽搐发作时给幼儿喂水

   C. 用毛巾、毯子或衣服来保护孩子头部

   D. 不做处理,等保健室来

7. 单人进行心肺复苏的胸外按压以及人工呼吸的比例是( )。

   A. 30∶2　　　B. 15∶1　　　C. 30∶3　　　D. 15∶2

8. 颈部受伤后,( )随意移动。

   A. 可以　　　　　　　　　B. 不可以

9. 开放气道的同时,( )用手指在口腔里乱抠。

   A. 可以　　　　　　　　　B. 不可以

10. 每次人工呼吸吹气时间为( )。

    A. 1 秒　　　B. 5 秒　　　C. 10 秒　　　D. 30 秒

保教技能实践操作题目

	姓名	实 操 内 容	得分	备注
1		茶桶的消毒		
2		盥洗室消毒流程、时间与次数以及马桶的消毒流程		
3		起床后的整理工作及注意事项		
4		诺如病毒消毒处置方法		
5		午餐准备及分发		
6		鼻血的处理		
7		各类玩具消毒次数、浓度及具体操作		
8		成人心肺复苏		

针对保育员培训知识应用案例分析答辩,我们着重通过一日生活中保育员亲身经历的实践案例,深入考察其保教技能的掌握程度。同时,依据保育员的个人阐述,全面解析保育员在理论学习层面对保教知识的理解情况。为确保案例分析的科学性和有效性,在实施该评价前期,我们会精心组织具有丰富保教经验的教师及资深管理人员,对精选的实践案例进行先行分析与研讨,设定评分维度和具体明确的评分标准,以确保评估过程的客观性和准确性。

保育员保教技能答辩题目(部分列举)

主题一:运动中的生活保育

一、故事背景

9月开学,许久不见的孩子们玩起来就更加开心了。乐乐是个易出汗的小朋友,稍微运动一会儿就会满头大汗,只见乐乐玩着"开小车"的游戏,背后垫着长长的汗巾,满头大汗。这时保育李老师走上前:"乐乐,你出汗了,过来擦汗。"乐乐还沉浸在游戏中,于是李老师上前拦住乐乐,一边擦汗一边告诉他:"以后李老师叫你来擦汗,你要小耳朵竖起来听指令知道吗?"对于李老师的做法你觉得对吗? 如果你是李老师,你会怎么做?

二、评分标准

1. 分析判断情景中的师幼互动状况(10分)

① 夏季不建议垫汗巾,运动完擦汗后可直接更换汗湿衣物。(5分)

② 李老师教养融合意识较弱,尽可能不要用强硬态度说教及拦住幼儿。(5分)

2. 讲述对所述场景的看法,分析原因,让幼儿有意识自主擦汗,并提出运动中的保育支持策略(15分)

① 分析可能的原因。(5分)

② 给予适当的支持策略,策略贴合实际,操作性强,表述具体。至少提供两项方法策略。(10分)

如:通过情景创设,把保育护理融入游戏环节。鼓励大年龄幼儿通过运动手环等设备协助辨别自己是否需要休息。培养幼儿自主辨别汗量的本领、合作擦汗等。

3. 适当的情景模拟(5分)

① 观察保育老师与幼儿或家长沟通的语气口吻是否真诚、可亲、大方得体。

4. 关注家园共育(5分)

① 能关注家园协作,观念正确。

② 能适当提出建议及方法。

主题二:进餐中的生活保育

一、故事背景

乐乐是个有些挑食的孩子,吃饭速度也比较慢。到了中班看到还要自己剥虾,更是反感。只要知道今天吃虾,情绪变化就很大,到了吃饭的时候就会流眼泪,默默哭泣。保育李老师告诉乐乐:"每个小朋友都要吃虾,虾肉有营养,你要是不吃,奶奶下午就不来接你了。"说完就把手上一只剥好的虾塞进了乐乐的嘴里。作为一名保育老师,你对李老师有什么建议,如果你是李老师,你会怎么解决这些问题?

二、评分标准

1. 分析判断情景中的师幼互动状况(10分)

① 与幼儿互动时不得用威胁强迫的口吻与动作。(5分)

② 保育老师不包办,对中大班的孩子要引导鼓励尝试剥虾,给予幼儿锻炼的机会。(5分)

2. 讲述对所述场景的看法,分析原因,让幼儿知道不能挑食,并提出进餐中的保育支持策略(15分)

① 分析可能的原因。(5分)

如:家庭饮食习惯、动手能力弱。

② 给予适当的支持策略,策略贴合实际,操作性强,表述具体。至少提供两项方法策略。(10分)

如:个性化的进餐护理(少盛多添、多样烹饪)、儿歌、创设进餐环境、融入游戏环节、激励机制等。

3. 适当的情景模拟(5分)

① 观察保育老师与幼儿或家长沟通的语气口吻是否真诚、可亲、大方得体。

4. 关注家园共育(5分)

① 能关注家园协作,观念正确。

② 能适当提出建议及方法。

针对保育员培训心得与实践感悟作业,我们主要以"培训作业"的形式让保育员撰写有关培训的心得体会,深入回顾培训内容,结合个人保育实践经历及班组团队合作的体会,详细阐述培训带来的深刻感悟与收获,并展望个人的未来发展方向,以此促进保育员个人成长。

保育员培训心得体会

基本信息

姓名:＿＿＿＿＿＿＿＿　　　　班级:＿＿＿＿＿＿＿＿

培训日期:＿＿＿＿＿＿＿　　　培训主题:＿＿＿＿＿＿＿

一、培训内容回顾

二、个人感悟与收获

（说明:可从保育工作和团队协作等角度阐述感悟）

三、未来展望

3."应用成效"中的评价实施

在"应用成效"中,我们细化了评价维度,涵盖"幼儿的综合成长""保育员的专业能力发展"及"家长的反馈与满意度"三大方面。具体而言,幼儿的综合成长评价主要聚焦幼儿的生长发育情况与出勤率两大指标,通过持续的数据监测与分析,不仅能直接展现幼儿身心健康的进步,还能间接映射保育员在日常保育与教育工作中的实施效果与责任心。保育员的专业能力发展主要评价保育员在接受培训后实践能力的提升,包括日常保育行为的细致观察,确保理论与实践相结合;半日活动调研,评估保育员在真实场景中的应用表现;以及专项性保教技能评比,直接反映保育员的专业技能掌握与创新能力,这些方式共同构成了对保育员培训成果转化情况的全面评价。家长的反馈与满意度主要是通过根据园所的需求设计问卷与开展相关访谈的调查方式,直接收集家长对保育员工作的直观感受与意见,家长的认可程度不仅是对保育员工作成效的直接反馈,也是衡量保教工作整体推进情况与家园共育成效的重要参考,这种双向沟通机制有助于不断优化服务,提升教育质量。

针对幼儿的综合成长评价,我们借助相关的"健康管理"智能平台,实施全面且细致的分析。一方面,我们会统计幼儿的出勤情况及其缺勤的具体原因,据此深入分析幼儿的身体健康状态,为后续的保育工作提供数据支持。另一方面,我们在学期初和学期末安排两次体检(针对有特殊需要的儿童,则调整为每月一次),精确测量幼儿的身高和体重数据。基于这些数据,我们计算出幼儿在相应年龄段的发育水平(P值),以此直观展现幼儿的身体发展状况,并有效反映保育员照护工作的实际成效。

××学年第×学期幼儿未出勤情况登记表

姓名	班级	症状	情况表现	就诊情况	缺勤日期	返园日期

幼儿生长发育情况汇总表
体检时间

班级	应检人数	实检人数	体重						肥胖儿	>P50(%)	身高						>P50(%)
			<P3	P3—10	P10—20	P20—50	P50—80	P80—97	>P97			<P3	P3—10	P10—20	P20—50	P50—80	P80—97	>P97	
总计																	
体检率(%)					>p50									>p50			

保育员卫生消毒工作自查表

年　月　日—年　月　日　　班级_____

项目＼日期	幼儿来园洗手	饮水桶				盥洗室保洁消毒				消毒工作						空调保洁	门窗保洁	卧具保洁	净化器保洁	其他
		上锁	添水	清洗	消毒	地面	台面	镜面	马桶	餐桌	椅子	玩具	空气	地面	公共环境					

备注：检查结果用√、△、○表示；发现问题请在"反馈与思考"中用文字表述清楚

反馈与思考

针对保育员专业能力发展的评价,我们以日常性评价、过程性评价、专项性评价三种方式实施。

日常性评价是保育员在持续进行的保教活动中,依据"保育员岗位职责与保育员工作手册"设计的"检核表"进行的一项自我反思与评估。这份检核表涵盖了保育员的核心职责,特别是基础的卫生消毒实践与日常的保育照顾工作,通过列出的每项工作要求的关键点,为保育员提供了清晰的指引和提醒,确保各项基本保育工作得以规范地执行,能够反馈保育员自身的工作状态。

保育员一日工作流程自我检测表

班级_____ 记录人_____

环节	项目	具体内容	周次		
来园	开窗通风	打开教室内所有窗户并开至最大			
		保证时间,至少10—15分钟			
		调节室温			
	环境整洁	卫生清洁,做到"七净"			
		安全自查			
	用品准备	早点准备			
		幼儿物品			
	观察幼儿	关注幼儿晨检牌和健康状况			
		帮幼儿穿脱衣物			
盥洗	洗手	组织有序,避免拥挤、滑倒			
		培养洗手规范			
	如厕	培养幼儿如厕习惯			
		指导帮助穿脱裤子			
	盥洗后	提醒幼儿擦手			
		清洁整理,保持干燥			
餐点	餐前	按时消毒,步骤正确			
		洗净双手,规范着装			
		餐具分发按人数和实际情况			
		夏季确保饭菜温度适宜,冬季注意饭菜保暖			

续 表

环节	项目	具体内容	周次		
	餐中	巡视进餐,少盛多添,帮助指导			
		保持桌面干净(提供骨盆、擦手巾)			
	餐后	收拾整理餐具,毛巾、茶杯等摆放在指定地点			
		清洁桌面和地面			
		正确漱口和擦脸(冬季涂面油)			
户外	运动前	场地检查,器具准备			
		开窗通风,关闭电器			
		清点人数,服饰适宜			
		带户外保育筐			
	运动中	视线顾及全体			
		观察幼儿运动情况,协助参与指导			
		勤擦汗,保证幼儿衣物干爽			
	运动后	清点幼儿人数			
		归还活动器具			
		整理幼儿衣物			
		组织幼儿休息饮水			
午睡	午睡前	调节室温和光线			
		提醒幼儿如厕,包内衣裤			
		安全检查			
		指导帮助幼儿穿脱衣物,整齐摆放			
		检查幼儿盖被情况			
	午睡中	适当开启窗户			
		视线全纳幼儿			
		15分钟巡视,及时个别护理			
	午睡后	关上窗户,按时起床			
		指导帮助整理穿戴			
		幼儿午检			
		整理小床			

续表

环节	项目	具体内容	周次		
离园	离园前	提醒小便,穿戴整洁			
		协助教师组织离园			
	离园后	清洁整理消毒,倒垃圾			
		幼儿使用物品送消毒室			
		安全自查			

备注:
一、保育员自我监测评估参考《中国福利会托儿所保育员工作手册》。
二、分值说明:5分完全做到;4分经常做到;3分基本做到;2分偶尔做到;1分没有做到。

过程性评价主要由两部分构成。首先,通过保育员保教行为观察与反思表,可以深入了解保育员在幼儿一日生活中的保教实践情况。此表既可用于保育员自我梳理和反思其保教行为中发现的问题,也作为保教管理者常态化巡班时,与保育员交流探讨并记录问题的工具,以此促进保育员的反思与调整。其次,保教管理者还会对保育员进行半日活动调研,以评估其在幼儿一日生活中的保教胜任力。调研的具体内容由保育员根据自身工作发展与需求自主决定,并撰写成半日活动调研考核计划表。在考核前,保教管理者会对保育员提交的考核内容进行评估,确保其适宜性,并与保育员沟通调整不适宜的部分,最终确定调研计划。随后,保教管理者会依据该计划的内容,对保育员的保教技能进行有针对性的评估,为保育员的专业成长提供有力支持。

日常保教行为观察与反思记录表

观察日期:_____　　观察地点:_____
观察者姓名:_____　　被观察保育员姓名:_____
背景实录:

发现问题:

我的反思:

保育员半日活动调研计划表

姓名：　　　　　　　　　　班级：　　　　　　　　日期：

项目	
计划	环境准备： 观察重点： 个别指导：
自我反思	
园部评价	

专项性评价是专注于某一保教内容的特定活动评估，其评价维度涵盖保育员在活动中展现的保教理念、内容实施及成效。这一评价过程邀请保教管理人员、教师及资深保育员等多方共同参与评分，旨在全面考量保育员在特定技能领域的掌握情况。以我园为例，我们特别组织了"保育微视频竞赛"，聚焦餐点环节的保育员保教融合能力，通过微视频拍摄制作的形式，生动展现保育员在不同年龄阶段餐点环节中的日常规范操作与精细化保育内容。为此，我们根据活动要求，设计了保育微视频拍摄评分表，从前期设计、站位视角、保教内容到呈现效果等多个维度进行直观评分，全面反映保育员对专业技能的理解与运用情况。

基于教养融合的保育工作微视频拍摄评分表
　　——餐点环节

幼儿年龄	托班　　小班　　中班　　大班		
视频环节	早点　　　　午餐		
评分项目	评分标准	分值	评分
设计思路	目标明确、具体，符合幼儿实际	10	
	整体结构设计合理，内容表达清晰	10	

续 表

评分项目	评分标准	分值	评分
站位视角	拍摄角度选择恰当,清晰展示操作过程及细节	5	
	以幼儿为主体,顺应幼儿实际需求	10	
保教内容	餐点环节保育操作规范、全面	5	
	餐点环节的环境适宜	10	
	具体内容丰富,重点突出,指导方法创新	10	
	调动幼儿的主动性和自主性,培养良好习惯	10	
	个别化指导符合幼儿年龄特点	10	
呈现效果	视频制作精美,画面丰满,内容丰富,具有可看性	5	
	注重实践的可操作性和推广性	10	
	传递关爱与呵护,展现积极向上的保育氛围	5	
总体评价		100	

针对家长的反馈与满意度的评价,我们在本园"家长满意度调查问卷"中增设了针对保育员工作评价的专项内容,包括职业规范与情感关怀,旨在考察保育员是否严格遵守职业准则,展现良好的职业道德,同时在日常工作中是否给予幼儿充分的情感支持,营造一个轻松、温馨的环境;保教专业能力,旨在了解保育员对幼儿日常护理和生活照顾的情况等,确保每位保育员都能以专业的保育技能呵护幼儿的身心健康;班级卫生与安全,旨在评价保育员在班级环境卫生维护、日常消毒工作等方面的表现,确保幼儿能在一个干净、安全的环境中快乐成长。通过家长直接且具体的反馈,能够及时获取保育员保育照护工作的实际效果,并在此基础上不断优化保育员的工作质量。

家长满意度调查卷(保育员部分)

序号	项目	等第 A	等第 B	等第 C	补充说明
1	保育员仪表行为、道德素养、责任感的情况	好	一般	差	
2	保育员对您孩子的了解程度	了解	一般	不了解	
3	您的孩子喜欢保育员的程度	喜欢	一般	不喜欢	

续表

序号	项目	等第 A	等第 B	等第 C	补充说明
4	您的孩子在进餐、睡眠、盥洗等生活习惯方面的提高程度	好	一般	差	
5	您对保育员处理您孩子突发健康状况（小病小伤）的表现是否满意	满意	一般	差	
6	您对幼儿园班级卫生、物品整洁的满意程度	满意	一般	差	
7	您对保育员妥善保管幼儿物品、维护幼儿个人卫生的满意程度	满意	一般	差	
8	保育员对您孩子是否有体罚或变相体罚行为	无		有	如有此情况，请在备注栏详细描述，并署名
备注					

为了全面提升保育员在保教融合方面的意识和能力，我园编制了《保育员保教融合操作指引》，为保育员提供"自我评估"的依据，使其能够对照标准进行自我反思和提升，同时也支持"他人互评"，以促进相互学习和共同进步。考虑到保育员在不同职业发展阶段的能力差异，我们设计了递进式的发展路径，该指引针对职初期、发展期、成熟期三个职业发展阶段，细致地拟定了一日生活中各个环节的保教融合操作要点，确保每一层次能力的提升都建立在低层次能力的稳固基础上，鼓励不同阶段的保育员在原有的基础上找到新的努力方向，得到不断发展。保育员可以在常态化、过程性的自评和互评中，既看到成效，又发现问题，并进行针对性的提高，实现自我发展、自我超越。

以分散性活动中的《保育员保教融合操作指引》为例，这里的分散性活动是指幼儿根据自己的兴趣和意愿，进行自我操作、自我探索的活动，如个别化学习、自主性游戏等。我们从环境创设和活动组织等几个方面，拟定了保育员在不同职业发展阶段保教融合的操作要点。（具体见附录）

分散性活动中的《保育员保教融合操作指引》内容列举

	职初期	发展期	成熟期
环境创设			☐ 辅助教师制作玩教具
活动组织	☐ 关注幼儿的生活需求，及时提供护理（盥洗、如厕、饮水等） ☐ 关注幼儿活动中的安全，及时向教师反馈 ☐ 活动结束时配合教师指导幼儿及时收拾和整理活动材料 ☐ 协助教师应对突发事件	☐ 关注幼儿活动情况，鼓励幼儿积极参与	☐ 关注幼儿的活动状态，用多样化的方式适时地给予支持 ☐ 有意识地培养幼儿收纳、整理等习惯 ☐ 活动后与班级教师沟通交流幼儿的活动情况（情绪状态、护理情况、安全问题等）

三、保育员培训评价的要点

（一）构建多元化评价体系

在保育员培训评价中，我们倡导构建多元化的评价体系。这包括评价主体的多元化，即除了培训组织者外，还应邀请保育员本人、教师、家长及幼儿等多方参与评价；评价内容的多元化，既关注保育员的专业技能提升，也重视其职业道德、团队合作、创新能力等多方面的表现；评价方法的多元化，采用问卷调查、案例分析、实操测试、观察评估、自我反思等多种方式，全面、客观地反映保育员的培训效果。

（二）关注实践应用与成效

保育员培训的目的是满足岗位工作需求，提高专业技能，提升保教融合质量。知识掌握情况是培训成果的基础，我们更要关注培训的实践应用和实际成效。培训评价应紧密围绕保育员在实际工作中的表现进行，关注保育员在培训后能否将所学知识和技能有效应用于日常保育工作中，如是否能更有效地完成常规清洁工作、更科学地照顾幼儿、更积极地参与团队协作等。同时,通过幼儿生长发育监测、日常观察记录、定期调研考核、家长满意度调查等手段,评估保育员培训后的实践成效,确保培训成果真正转化为提升保育服务质量的动力。

(三) 引用技术性辅助评价

随着信息技术的快速发展,我们可以利用先进的技术手段辅助评价工作。例如,通过引入在线学习平台,实时记录保育员的学习进度、成绩及互动情况;利用大数据分析技术,对保育员的学习数据进行深度挖掘和分析,发现培训中的薄弱环节和潜在问题;借助智能评估系统,对保育员的专业技能进行客观、准确的评价。这些技术手段的应用,将大大提高评价的效率和准确性。

(四) 实施持续性动态评价

保育员培训评价不应是一次性的,而应是一个持续、动态的过程。我们主张在培训前、培训中及培训后都进行及时的评价,以便及时发现并解决问题。同时,根据评价结果,适时调整培训内容和方法,确保培训始终贴近保育员的实际需求。此外,还应建立长期的跟踪评价机制,对保育员在培训后的成长和发展进行持续关注。持续的跟踪评估能够反映教育和培训过程中参训者的动态变化,有助于管理者及时调整和优化培训策略和方案,并为其后续的职业发展提供有力支持。

(五) 建立双向的反馈机制

在保育员培训评价中,建立双向的反馈机制至关重要。一方面,培训组织者应及时向保育员反馈评价结果,指出其优点和不足,提出改进建议;另一方面,也应鼓励保育员主动表达自己的培训需求和意见,以便培训组织者更好地了解保育员的实际情况,优化培训内容和方法。双向反馈为培训者和参培人员之间架构起开放的沟通桥梁,促进培训双方的有效沟通与合作,这不仅仅能够增强被培训者的参与感和自我效能感,激发他们的学习动机,而且双方都能从中进行自我反思,发现识别学习和培训过程中的问题,共同推动保育员培训工作的持续改进和发展。

第四节 保育员分层式园本培训的实施策略

保育员分层式园本培训的实施需要托幼机构建立园本培训的领导力,为保育员队伍提供明确的工作方向和指引。实施分层式园本培训应从"向上引领"和"下沉指导"两个方向展开。

"向上引领",即托幼机构管理者要立足于本园的实际情况,将保育员园本培训理念与园所的发展规划、教育理念以及保教工作目标相结合,制定科学的培训方针,从培训的管理层面出发,确保其系统性和针对性。

"下沉指导",即在组织保育员分层式园本培训的过程中,托幼机构管理者要立足于具体培训情境,从保育实际工作中汲取培训需求,整合规划多种培训资源,动态化调整培训方案,从培训的实践层面出发,确保其实效性与价值性。

一、管理驱动:确保培训持续稳健发展

管理驱动在保育员分层式园本培训中起着引领的作用,是推动培训持续稳健发展的核心动力。通过有效的管理,可以确保培训目标得以实现,资源配置得到优化,培训质量得到保障,从而推动保育员队伍的整体提升。

(一)树立具体明确的培训方向

具体明确的培训方向是开展保育员园本培训的第一步,适宜的培训方向能够增强保育员对园所管理的认同感和归属感,为整个培训过程奠定了坚实的基础。

1. "诠释"园所保育理念

在组织分层式园本培训之前,管理者首先要明确保育目标,这一目标要紧密围绕园所的理念构建,确保所有保育员培训活动都紧扣保育目标的核心。以本园的保育员培训实践为例,我们秉持"实验性、示范性和加强科学研究"的工作方针,同时遵循"以营养为特色,以保健为基础,保教结合,身心并举"的健康教育模式,高度重视教养融合的发展及科学研究的深化,确立了"教养融合全程化"的保育理念,在早期教育阶段偏重"以养融教",强调基于成熟和回应式照护,顺应和满足婴幼儿的各种需要;在学前教育阶段强调"教养并重",即在以养为主导的活动中渗透教育的因素,注重培养幼儿的良好生活习惯能力等。在这一保育理念的引领下,我园保育员分层式园本培训的内容主要聚焦于三大核心领域:"教养融合的认同与归属感""教养融合的意识与实践性"以及"教养融合的探索与研究力",旨在打造一支既具备专业素养又技能精湛的保育员团队,让保育员都能够胜任保育工作。

2. "融合"园本计划发展

园本化发展的保育员培训要根据托幼机构的教育理念、幼儿发展特点以及保育员的实际需求,制定一套系统性、阶段性、可持续发展的计划,以促进保育员的专业成长,提升园所的教育质量。在保育员分层式园本培训的实施策略中,基于保育员专业水平和阶段,制定培训计划是至关重要的环节,能够确保培训方案具体化过程中的可衡量性和可实现性。具体而言,培训计划要综合考虑多个维度的内容,如基础理论与实操技能结合,这是园本化培训的核心,确保保育员在幼儿保教工作中能够得心应手,为幼儿提供全面、细致的照顾;培训内容的多元性与幼儿发展适应性的结合,这是园本化培训的重要特征,这让保育员全面了解幼儿的发展需求,提供个性化的教育支持,促进幼儿全面发展;培训方案的创新性与实用性相结合,这是园本化培训的关键所在,注重解决保育员在实际工作中遇到的具体问题,进一步紧跟学前教育的发展趋势,积极引入新技术,更新保教理念,提升保教质量。这种前瞻性的培训设计,不仅为保育员的专业成长提供了广阔的空间,也为园所教育质量的持续提升奠定了坚实的基础。

(二) 合理统筹和规划培训配置

1. "把握"安排培训时机

园本化保育员培训顺利推进的关键,在于培训时机的把握与合理安排。为确保培训既符合园所运营的实际需求,又贴合保育员个人发展的关键节点,要细致规划培训时机,力求在不影响日常工作的情况下,最大化提升保育员的学习成效与参与度。

首先,要制定一份详尽的年度培训计划。该计划应紧密围绕园所的工作规划,分阶段设定培训主题与技能点,确保培训内容既系统又循序渐进,符合保育员的学习节奏与职业发展路径。通过分阶段实施,保育员能够在不同时间段内专注于特定领域的学习,逐步构建起全面的保育知识体系。

其次,在培训频次的安排上,需要充分考量培训目标与保育员的实际工作状况,一方面,要确保培训活动不会给保育员的日常工作带来额外负担,避免造成工作与生活上的冲突;另一方面,要通过合理的频次安排,保持保育员的学习热情与参与度,提升培训效率。为此,园所可利用幼儿午休等时间段开展培训,既避免了与日常工作的直接冲突,又确保了保育员能够以放松的心态参与到培训中。另外,园所还可在日常工作中融入"微培训"元素。例如,在每周的教研会议中穿插简短而精炼的培训内容,或是利用工作间隙进行即时指导与反馈,以此巩固培训的效果。

2. "甄选"培养培训师资

对保育员培训的师资选择,直接关系到培训质量的高低与保育员专业能力的提升速度。优秀的培训师资不仅能够传授精准的专业知识,更能激发保育员的学习热情,引导他们将理论知识转化为实际工作中的高效技能。在本园的保育员园本培训的过程中,我们主要选择这几类人员,以发挥各自的优势。

第一,保育管理人员。保育管理人员通常具有丰富的管理经验和对保育工作的深刻理解,他们比较了解保育员在日常工作中可能遇到的各种问题和挑战,因此能够运用更适宜的培训方式,有针对性地进行培训。以本园为例,我们的保教管理人员是从保育员、保育教研组长、保育主任再到保育管理者自下而上成长的,因此能够全面地理解和体会保育员真正的需求,结合实践与管理的角度,更系统化、专业化地落实保育员园本培训。

第二,成熟期保育员。成熟期保育员在长期的保育工作中积累了丰富的实践经验,他们了解幼儿的成长特点和需求,也熟悉各种保育技巧和方法。成熟期保育员可以通过示范和实操指导,帮助职初期或发展期的保育员快速掌握保育技能,从保育员的视角出发,他们的经验和故事更能够引起大家共情,激发保育员的学习热情。

第三,专业的保健人员。专业的保健人员具备丰富的医学知识和保健技能,能够针对园所的卫生消毒规范、幼儿的健康问题等进行专业指导和建议,促进医育结合,以发展保育员的适宜性专长,确保幼儿在园内的健康和安全。

第四,教师或相关领域的专家。教师或相关领域的专家通常具备深厚的专业知识和丰富的经验,他们能够从教育的角度为保育员提供先进的育儿理念和教学方法,帮助他们更好地理解幼儿的心理和行为特点,提升与幼儿的互动能力。同时,相关领域的专家还能够为保育员提供更为专业的医育知识,让保育工作更加科学化、专业化。

(三) 构建人文关怀的反馈评估体系

1. "优化"参与与反馈机制

保育管理的核心在于确保保育员的日常培训工作高效、有序,而管理者则须秉持以人为本的核心理念,将自上而下与自下而上的管理方式相结合。在此过程中,不仅要关注制度和流程的优化,更要深切关怀保育员在培训过程中遇到的种种困难,及时提供帮助,激发他们的内在动力,确保保育员的主观能动性得以充分发挥,从而达成"共同建设、共同执行、相互监督"的管理目标。[①]

为此,管理者需时刻将保育员的感受与需求置于首位,通过座谈交流、日常谈心等多种渠道,为保育员提供一个自由表达、自我欣赏的平台,帮助他们找到个人成长的关键节点,设定并实现成长目标。此外,融入人文关怀的保育管理方法,还意味着要关注保育员的心理健康与职业发展,营造一个既专业又温馨的培训氛围,让保育员清晰地认识到,培训不仅是为了胜任岗位,提升专业技能,更是为了实现自我发展,感受个人

---

① 李峰.幼儿园保教管理工作指南(第 2 版)[M].上海:华东师范大学出版社,2024:13—14.

价值,共同推动园所教育质量的全面提升。

2."完善"评估与激励制度

园本培训作为一个持续演进的过程,要求管理者以长远的视角和动态的思维来指导和监督其实施情况。此过程的核心在于激发保育员对保育实践的深度洞察、批判性自我反思以及持续改进的动力,实现理论知识与实践经验的融合,推动保育员的专业素养迈向新高度。为达成这一目标,管理者应坚守尊重与发展的核心理念,积极构建以激励和正面肯定为主导的评估环境,如可采纳"七分肯定,三分建议"的评估策略,对保育员进行个性化的评估。这一策略不仅强调对保育员努力与成就的充分认可,还注重提供具有建设性、前瞻性的反馈意见,为保育员的持续成长指明方向。

同时,评估结果可与奖励机制形成紧密的联动,园方应设立多样化的奖励措施,以表彰和激励那些积极参与园本培训、在培训中表现突出并取得显著进步的保育员。这些奖励可以包括公开表彰、专业提升机会、额外津贴或福利等,旨在进一步激发保育员的学习热情和职业追求,共同推动园本培训的质量和效果迈上新台阶。

二、实践导向:推动培训高效运作进程

实践导向保障着保育员分层式园本培训的质量,它是培训活动高质高效落实的桥梁。实践导向能够使保育员在培训中直接面对和解决工作中可能遇到的问题,使培训更加贴近保育员的实际工作需求,提高培训的针对性和价值性。

(一)培训前:精准调研与科学规划

1."深挖"需求调查与分析

培训能着实帮助保育员解决工作困惑是其有效性的主要体现。保育员分层式培训是一个动态发展变化的过程,培训管理人员要以参训人员的实际需求为出发点,确保培训具有灵活性和针对性,涵盖培训内容、时间和形式等多方面的需求。因此,在培训开展之前,对参训人员进行需求调查和分析至关重要,这不仅能有效提升他们在培训中的积极性,还能使培训更加高效。为此,我们采用了前期问卷调查的方式,深入了

解了不同阶段的保育员在工作中可能遇到的潜在问题,并结合他们的工作年限对其专业能力进行了全面而精准的评估,以确保前期调研的准确性和全面性。

2. "策划"培训方案与模式

培训方案的科学性在于其全面指导与分级分类教学的有机结合。为确保培训方案能够精准对接保育员的多样化需求,我们针对保育员的工作年限、专业能力水平以及前期的需求调查,设计了具有高度针对性和实践导向的培训内容。具体而言,制订培训方案时,我们秉承混合研修的培训模式,注重理论与实践的深度融合,以理论讲解为基石,帮助保育员构建系统的知识体系;以典型案例为媒介,引导保育员将理论知识应用于实际情境中,实现知识的迁移与内化;以实践操作为核心,鼓励保育员在真实的工作环境中锻炼技能,确保培训方案的全面性与科学性。此外,我们实施整体分段的培训模式,以"教养融合全程化"为核心理念,分层次、分阶段地推进"保教主动性""教养融合意识"及"教养融合技能"等不同层次的培训,确保培训方案的系统性与实用性。

(二) 培训中:多方联动与高效实施

1. "释放"内部培训资源

经过对保育员专业要求的深入全程化分析,我们发现相较于教师,保育员的专业发展展现出独有的特征:其专业要求相对集中,主要聚焦于幼儿一日生活中的保教环节;同时,保育员人数相对较少,通常仅占学校教师总数的三分之一左右,且相关的培训管理人员也显得捉襟见肘。鉴于这一实践现状,为了提升园本培训的组织与实施效率,我们针对保育员不同层级的专业发展需求,将差异视为宝贵资源,并进行合理开发与利用,例如,在一次培训活动中,我们积极联动不同层级的保育员,邀请本园内的成熟期保育员为发展期保育员分享环境创设和活动组织的策略,形成互助共进的良好氛围。这一举措不仅为成熟期保育员提供了展示和提升自我的平台,同时也让发展期保育员从被动的受训者转变为培训的积极参与者,有效激发了他们的专业追求,促进了他们积极地自我反思、梳理与总结。

培训管理者应积极发掘园内的已有资源,包括保教保健团队等人力资源、园所设施设备等物质资源、优秀保教经验等实践资源、网络资料查询与交流分享等信息资源,并最大限度地将这些资源合理地融入培训实施的过程中，使其更加高效地利用现有资源，提升培训效果。

2. "吸纳"外部专业支撑

在保育员分层式园本培训中，充分利用并整合相关的社区、高校、医疗机构等资源能够拓展培训内容的深度和广度。一方面，我们积极引入社区及医疗机构的专家资源，特别针对幼儿生长发育、日常保健等核心领域，组织专题讲座。这些讲座不仅为保育员提供了前沿的保育知识，还通过现场互动交流环节，鼓励保育员们积极提问，专家及时答疑解惑，从而有效丰富了保育员的专业知识库，提升了他们的实践应用能力。另一方面，我们与相关专业高校建立紧密的合作关系，这一举措不仅限于理论知识的传授，更体现在实践活动的深度融入。具体而言，我们邀请高校幼儿保育专业的教师作为特邀嘉宾，参与园所举办的保育技能竞赛等活动，从职前教育的专业视角对保育员的表现进行点评与指导。这种合作模式不仅促进了职前学习与职后培训的衔接，还为保育员提供了一个跨领域交流的平台，使他们能够吸收更多元化的知识与经验，有效利用培训资源。

3. "转化"泛在学习方式

泛在学习强调学习不再受时间、地点和设备的限制，学习者可以在任何情境下，利用任何设备，获取所需的学习资源和服务。在保育员分层式园本培训中，我们致力于构建一个融合线上与线下、全面且高效的培训模式。在线上平台，我们结合现代科技手段，为保育员打造一个全面、便捷的在线学习环境，并提供丰富的学习材料，保育员可以根据自己感兴趣或者比较欠缺的内容有选择性地学习，满足不同保育员的学习需求和偏好。线下方面，我们鼓励保育员积极互动，形成浓厚的学习氛围，保育员可以按年级组或特定主题自发组成研讨小组，由小组长带领大家共同学习和探讨，无论是遇到问题还是产生新想法，保育员们都能随时分享和交流，共同促进专业成长。此外，我们在日常生活中为保育员创造了更多随地学习的机会，让他们将所学知识的关键点转化为思维导图，并将其打印成小巧便捷的小贴士，贴在教室的各个角落，如盥洗室、开关旁、窗户边等。这样，在日常工作中，保育员就能不断接触和运用这些知识，从而加深理解和记忆，实现真正的学以致用。

(三) 培训后:效果评估与持续改进

一次培训活动的组织不可能尽善尽美,同时,在培训活动的过程中,可能也会随机为下一次培训活动主题的生成提供线索和灵感。因此,培训结束后,及时了解培训效果,不仅有助于培训方案的优化,也对培训的进一步深入有积极的影响。

1. "更新"培训成长档案

建立系统化的保育员培训档案,旨在全面记录与追踪每位保育员从入职到职业发展过程中的各项培训经历、学习成果、技能提升及个人发展规划。培训成长档案是保育员职业发展的重要记录工具,在培训结束后,需要及时更新这份档案,确保它完整、准确地反映保育员的培训经历和学习成果。这包括记录培训的具体内容,如培训主题、讲师、时间、地点等;记录保育员的参与情况,如出勤率、互动情况、作业完成情况等;记录学习成果,如考试成绩、技能提升、项目完成等;以及记录个人反思,如培训感想、收获、建议等。这些信息的更新不仅有助于我们更全面地了解保育员的培训情况,还能为他们的职业发展提供有力的参考和依据。

2. "汲取"效果反馈信息

培训效果的反馈与信息收集是一个涉及培训人员和管理者双方的综合性过程,它标志着对整个培训流程的全面总结。为确保评估的全面性和准确性,反馈的形式和内容必须多样化,以减少对培训效果评估的潜在偏差。培训结束后,我们需要通过问卷调查、面对面访谈、技能测试等多种方式,广泛收集保育员对培训效果的反馈,这些反馈包括保育员对培训内容、讲师、形式等方面的评价,以及他们在培训中遇到的问题和困难。通过对这些反馈信息的整理和分析,我们可以了解培训的实际效果,发现培训过程中存在的问题和不足,提炼成功的经验和做法。这些信息不仅有助于我们优化现有的培训方案,还能为未来的培训活动提供有益的参考和借鉴。

3. "驱动"后续学习发展

培训评估具有明确的"专业导向"特性,旨在提升保育员的专业素养,并将"持续改进"作为其核心目标。基于培训效果的评估和反馈信息的分析,需要为保育员制定针对性的后续学习计划和发展策略。这包括为保育员提供个性化的学习资源,如推荐适合他们的书籍、文章、在线课程等；推荐进阶课程，如专业认证、高级技能培训等；设定明确的职业发展目标，如晋升路径、专业领域拓展等。同时，我们还需要为保育员提供持续的学习支持和指导，如定期跟进学习进度、解答学习疑问、提供实践机会等，通过促进保育员对自身工作的深刻反思，驱动他们提升发现、分析和解决问题的能力。①这些措施旨在激发保育员持续学习的动力，推动他们不断提升专业能力，也为培训方案的持续优化和深入发展提供了有力的支持和保障。

---

① 幼儿学习与发展课程编委会.保育员手册[M].武汉:长江少年儿童出版社,2014:194.

第三章

保育员分层式园本培训的成效

---

* 参与本章撰写的老师有程丹、高宁宁、张晶、范宇。

自开展基于教养融合理念的分层式园本培训以来,我园保育员的专业成长轨迹发生了显著而积极的转变。通过系统化、针对性的培训策略,我们见证了保育员队伍在多个关键领域取得的卓越成效。这一培训模式不仅极大提升了保育员在保教融合领域的专业技能,使他们能够更加游刃有余地参与到幼儿的教育与照顾中;还激发了保育员个人专业发展的内在动力,形成了积极向上的学习氛围;更重要的是,它促进了保育团队学习共同体的构建,增强了团队凝聚力与协作能力,为园所整体教育质量的提升奠定了坚实基础。本章将从保育员队伍技能提升、个人专业发展意识形成以及团队学习共同体建立这三个核心方面所发挥的关键作用,全面展现其如何有效推动保育员的专业成长与发展。

第一节　保育员队伍的保教融合专业技能得到了显著提升

保教融合是衡量保育员专业能力提升的关键指标,也是实现保教质量全面提升的核心要素,保教融合技能的提升,意味着保育员能够更加灵活、有效地运用专业知识与技巧,与幼儿建立更加积极的互动关系。通过保教融合方面专项性的园本培训,我园的保育员培训质量显著提高,从职初期保育员保教融合意识的形成,到发展期和成熟期保育员的保教融合专业技能的梯度培训内容输入,保育员的显著变化充分验证了分层式园本培训在提升保教融合专业技能方面的卓越成效。

一、保育员专业成长故事的呈现

保育员的专业成长故事,生动展现了他们在职业生涯各阶段的心路历程与专业技能的发展历程。从职初期初步形成保教融合理念,到发展期深化理解并在实践中不断尝试与创新,再到成熟期成长为具备研究和管理能力的保教专家,保育员们通过持续学习和实践,逐步塑造正确的教育观念,提升保教实践能力。这些故事不仅记录了保育员个人专业技能的发展轨迹,更见证了他们在面对挑战时不断成长与突破的过程,是对保育员专业成长与行业发展的深刻诠释。

案例一 从迷茫到引路:我的幼儿教育成长之旅

2022年,我怀揣着对幼儿教育的无限憧憬与对未知挑战的些许忐忑,迈进了中托的大门。那时的我,和许多初入职场的保育员一样,刚从学校毕业,满腔热血却也对实际工作充满迷茫。面对如何妥善照顾孩子、如何有效与他们互动的问题,我的心中充满了疑惑与不确定。

第一天上班的情景依然历历在目,我早早地来到班级做准备,尽管心中已无数次预演过可能的场景,但实际操作起来还是显得"手忙脚乱"。我负责的是2—3岁托班的幼儿,这个年龄段的孩子在身心发展上都有其独特性,而我对于他们的年龄特征、互动方法以及生活照护的知识储备,远不及对3—6岁幼儿那般熟悉。

幸运的是,我遇到了一位经验丰富且极具耐心的带教师傅。她不仅耐心地指导我如何照顾孩子们的饮食起居,更重要的是,她教会了我如何用心去感知每一个孩子的需求与情感。记得有一次,一个小男孩在午睡时突然哭了起来,我一时之间不知所措,只能焦急地站在一旁。这时,师傅轻轻地走过来,她没有立刻去哄孩子,而是先观察了一会儿,然后温柔地坐在孩子身边,用低沉而温柔的声音与他交流。奇迹般地,孩子很快就安静了下来,重新进入了梦乡。师傅事后告诉我,每个孩子都是一个独立的个体,他们有着自己独特的情感世界,而我们作为保育员,最重要的任务就是耐心地倾听、理解并尊重他们的情感。在师傅的悉心带教下,我开始逐渐转变自己的观念,不再仅仅将关注点放在孩子的日常生活照护上,而是更加注重与孩子的情感交流。我学会了通过观察孩子的表情、动作以及声音来捕捉他们的情绪变化,并尝试用适当的方式给予回应。这个过程中,我深刻体会到了保教融合的重要性,明白了只有真正走进孩子的内心世界,才能更好地引导他们健康成长。

还记得在一次读书会的活动中,我对这样一句话非常触动——"陪伴,是最长情的告白"。的确如此,对于托班的孩子来说,陪伴他们成长的每一刻,都是无比珍贵的。每当看到他们因为一个小小的进步而露出灿烂的笑容,或是听到他们奶声奶气地叫我"老师",我的心就会被暖暖的幸福感填满。这种被信任与被依赖的感觉,让我感受到了前所未有的价值与成就感。我开始明白,作为一名保育员,我的职责不仅仅是照顾孩子们的日常生活,更重要的是成为他们成长道路上的引路人,用爱与耐心为他们"守护"好童年的美好。

案例二　爱润心田:探索保教融合的深度与温度

我担任过国内班和国际班的托、小、中、大班保育员,也在上海中福会早期教育中心担任早教指导者。工作几年来,我的感受是复杂的,既有看到孩子们进步时的喜悦,也有面对困难时的焦虑。但正是这些感受,让我更加坚定了自己的职业信念。让我记忆最深的,是我的班上有一个叫小白的孩子,他性格内向,不愿与人交流。为了帮助小白融入集体,我每天都会找机会与他聊天,关心他的生活,鼓励他参与集体活动。在一次户外活动中,我发现小白对植物非常感兴趣,之后每次户外运动时,我都会找机会和他讨论植物的问题,慢慢地,小白向我打开了心扉。

在我职业生涯的旅程中,一个重要转折点出现了,就在我参加了保教融合培训之后。这次培训不仅深化了我对幼儿心理发展的理解,更重要的是,它让我意识到保育与教育之间的深度融合对于幼儿成长的重要性,这也彻底改变了我的工作方式和心态。我开始尝试将教育元素融入日常的保育工作中,比如在生活活动时,不仅考虑其趣味性,更注重其教育意义,旨在激发孩子们的好奇心、探索欲。回想起小白的故事，虽然他后来对我打开了心扉，但是我想，如果我可以更深入地理解保教融合的理念，或许我能更早地发现并利用他对植物的兴趣作为桥梁，促进他的社交发展。渐渐地，我学会了如何更加细致入微地观察每个孩子，理解他们的独特性，我开始记录小白在植物探索中的每一个小进步，用这些正面反馈鼓励他与其他孩子分享自己的发现，小白不仅在植物领域的知识上有了显著增长，更重要的是，他开始主动与同伴交流，笑容也多了起来。

经历这一切后，我深刻体会到保教融合不仅仅是理论与实践相结合，更是一种心灵的触碰与成长。它让我从一个单纯的保育员，成长为能够理解孩子内心世界、引导他们全面发展的教育者。这份职业带给我的不再是单纯的喜悦或焦虑，而是一种更加深刻、全面的满足感，我可以为孩子们的成长撑起一片天空，让他们的童年充满无限可能。

案例三　保育教研组长之路：在融合中成长

在许多人眼中，"保育员"或许仍被简单地视为"阿姨"，但在中托这片教育的热土上，我们保育员不仅是孩子们日常生活的守护者，更是他们行为习惯、卫生习惯乃至独立性的塑造者。在这里，我们同样肩负着教师的职责，用爱与智慧陪伴孩子们成长。那一年，中托迎来了一个重要的转折点——正式成立了"保育教研组"，而我，有幸被赋予了新组长的重任。面对这份突如其来的荣誉与挑战，我深知肩上的担子有多重。教研组的成立，意味着我们要更加专业、更加系统地解决工作中遇到的难题，推动保教融合的深入实践。

在教研组的每一次活动中，我们都聚焦真实、棘手的问题，力求找到最适宜的解决方案。记得那次关于午餐的教研讨论,有老师提出了一个普遍存在的问题——孩子挑食,特别是对蔬菜的抗拒。这个问题如同一道难题,摆在了我们每个人的面前。面对这道难题,我回想起自己曾经遇到的一个孩子,一个对芹菜深恶痛绝的男孩。为了改变他的饮食习惯,我决定在班级老师的协助下,开展一次特别的"气味蔬菜"小课堂。我亲自前往菜场,挑选了最新鲜的芹菜,带着它走进了孩子们的世界。在那次小课堂上,我引导孩子们认识了芹菜,让他们近距离地感受芹菜的气味,了解它的营养价值,我们还一起动手,用芹菜做了有趣的小实验。那一刻,我看到了孩子们眼中闪烁的好奇与惊喜,也感受到了教育的力量。小课堂取得了意想不到的效果,不仅让一些孩子对芹菜产生了浓厚的兴趣,也让那个曾经对芹菜深恶痛绝的男孩发生了转变。我意识到,将教育融入日常保育工作中,不仅能够提升孩子们的生活品质,还能促进他们的全面发展。于是,我决定将这个故事以及小课堂的实践经验分享给保育教研组的每一位成员。在培训会上,我详细讲述了那次小课堂的策划、实施过程以及取得的成效。我分享了如何挑选新鲜的蔬菜、如何设计互动环节来吸引孩子们的注意力、如何引导孩子们深入探索蔬菜的奥秘,我还强调了保教融合的重要性,以及作为保育员,我们如何在日常生活中捕捉教育契机,为孩子们创造更多学习的可能。成员们听得津津有味,纷纷表示受到了很大的启发。有的成员表示,自己以前从未想过保育工作还能如此有趣和富有教育意义;有的成员则感叹,原来自己身边就有这么多可以利用的教育资源,只是之前没有用心去发现。

在随后的日子里,成员们开始积极尝试将教育元素融入日常保育工作中,有的设计了有趣的户外游戏,引导孩子们探索自然;有的开展了手工制作活动,培养孩子们的动手能力和创造力;还有的利用废旧物品,开展了环保教育活动,让孩子们从小树立环保意识。保育教研组的氛围变得更加活跃和富有创新力,而我,作为保育教研组长,也在这场变革中不断成长和进步。我深知,保教融合的道路还很长,但只要我们心怀热爱、勇于探索,就一定能够为孩子们创造更加美好的未来。

心路历程故事是保育员专业技能发展不可或缺的催化剂,它们不仅帮助保育员回顾并反思个人职业成长中的挑战与成就,从而增强职业认同与责任感,还激发了保育员面对新情境时创新与解决问题的能力,促进自身专业技能的不断提升。

通过上述三个不同发展时期保育员心路历程的分享,我们可以看到新入职的保育员往往面临诸多挑战和迷茫,面对2—3岁托班幼儿的日常照护和情感交流,他们可能会感到手足无措。然而,通过经验丰富的带教师傅的悉心指导,以及在实际工作中的不断摸索,保育员们逐渐学会了如何用心去感知孩子的需求与情感,初步形成了保教融合理念。这一过程,是他们从迷茫走向自信的重要阶段,也是保教融合专业能力提升的起点;随着工作经验的积累,保育员们开始在实践中不断尝试与创新,深化对保教融合理念的理解。正如故事中发展期的保育员,在参加了保教融合培训后,意识到保育与教育之间的深度融合对于幼儿成长的重要性,她开始尝试将教育元素融入日常的保育工作中,通过细致入微的观察和记录,理解每个孩子的独特性,并利用他们的兴趣点作为桥梁,促进他们的全面发展。这一过程,是保育员队伍在实践中深化保教融合理念,提升专业能力的重要阶段;而成熟期的保育员已经能够胜任保育组长职务,她不仅自身在保教融合方面取得了显著进步,还带领整个保育教研组一起成长。教研组的成立,意味着保育员们开始更加专业、更加系统地解决工作中遇到的难题,推动保教融合的深入实践。通过组织培训、分享经验、设计有趣的保育教育活动等方式,保育员们相互学习,共同进步,形成了良好的团队氛围和创新力。这一过程,也是保育员队伍从个体成长走向团队协作,共同促进保教融合专业能力发展的过程。

可以看到,保育员队伍通过从迷茫到自信、从实践到深化、从个体到团队的心路历程,以及一系列的培训与实践,逐步提升了保教融合的专业能力。这些故事不仅记录了保育员个人专业技能的发展轨迹,更见证了他们在面对挑战时不断成长与突破的过程,是对保育员专业成长与行业发展的深刻诠释。

二、保育实践课程故事的展示

故事,作为连接理论与实践的生动桥梁,以其直观性和具体性,深刻地揭示了保育实践中的复杂情境与核心问题。这些保育实践课程故事,不仅记录了保育员在专业道路上的成长足迹,更如同一面镜子,映照出保育员如何将培训中学到的保教融合专业技能应用于实际情境中,以及他们如何凭借这些知识和技能,智慧地应对各种挑战,并在实践和反思中,进一步深化认识,提炼有价值的经验和教训。

案例一　餐具变变变——自主性餐点环境创设的故事

故事背景：

早点环节本是孩子们享受美味、体验快乐成长的时刻。然而,一段时间以来,这个环节却变得冷清而无序。孩子们对点心失去了兴趣,有的甚至拒绝用餐;而那些愿意尝试的孩子,又因为不熟悉餐具的使用而频频受挫,最终选择直接用手抓取点心,这不仅影响了用餐的卫生,也扰乱了整个班级的秩序。面对这一现状,作为保育员的我深感责任重大,我意识到,必须采取积极措施,引导孩子们主动参与早点环节,养成良好的就餐习惯。

学习与改变：

保育小课堂是我园针对"实践困惑",组织保育员总结分享自己在实践工作中经验的培训活动。其中,我与保育员们深入研讨了幼儿用餐兴趣缺失的原因,并学习了如何通过环境创设、餐具调整等手段,激发幼儿用餐兴趣,培养其自主性和独立性。

调整与优化：

增强吸引力：我将原本单调的餐具更换为色彩鲜艳、造型别致的迪士尼主题餐盘,这一变化立即吸引了孩子们的注意,提升了他们对点心的兴趣。

丰富多样性：我引入了多种餐具,如"猫爪夹""洞洞夹""麦昆勺"和"定位练习筷",让孩子们根据自己的能力和兴趣选择餐具,既锻炼了动手能力,又增强了自信心。

适宜性餐具：观察到孩子们自我服务意识的萌发,我提供了重量适宜、壶嘴长度合适、便于抓握的奶壶,让孩子们能够自主地倒牛奶。同时,在桌上放置小毛巾,让孩子们在倒洒牛奶时能自己擦拭,进一步培养了他们的自我服务能力。

实践后效果：

经过一系列的努力,早点环节的氛围得到了显著改善。孩子们对点心的兴趣明显提升,用餐时的秩序也更加井然,他们不仅能够熟练使用各种餐具,还能在用餐过程中展现出良好的自我服务能力。这一变化不仅提升了孩子们的用餐体验,也增强了我作为保育员的成就感和自信心。

案例二 "畅销"的营养水——饮水环节中师幼互动的故事

故事背景：

每周二和周四,孩子们都会期待着一杯特别为他们准备的营养水。这些营养水根据季节变化精心调制,旨在满足孩子们成长过程中的营养需求,同时也为他们带来一丝丝清凉与滋润。然而,我们班级发现了一个有趣的现象:苹果水和冰糖雪梨水总是被孩子们一饮而尽,而萝卜大葱水却常常无人问津,成为"滞销品"。这一现象引发了我的思考:如何能让孩子们对每一种营养水都充满好奇与喜爱,从而均衡地摄取各种营养呢。

学习与改变：

现场观摩是保育员互相交流,学习他人优秀实践经验的培训活动。其中,我观摩了资深保育员是如何组织开展喝营养水这一环节的,学习了他们的引导技巧,随后在小组讨论中提炼出了一系列实用的方法和策略,包括餐前介绍、情境互动、角色扮演等,旨在激发孩子们的好奇心和探索欲,让他们从心理上接受并喜爱这些新食物。

调整与优化：

满足好奇心：当孩子们发现教室里出现了"特别的水"时，我会微笑着告诉他们这是"好喝的营养水"，耐心解答他们的各种疑问。并且调整了营养水的介绍方式，不再只是简单地告诉孩子们这是什么水，而是用生动有趣的语言描述每种营养水的特点和益处。

激发参与度：面对孩子们对"萝卜大葱水"的抗拒，我利用孩子们喜爱的动物角色作为桥梁，模仿蔬菜的声音与孩子们互动。孩子们不仅听得津津有味，还迫不及待地想要品尝营养水。

实践后效果：

经过一段时间的实践和调整，我欣喜地发现，孩子们对营养水的态度发生了显著的变化。原本无人问津的萝卜大葱水现在也成了孩子们争相品尝的"香饽饽"。孩子们不仅对各种营养水充满了好奇和喜爱，还逐渐养成了均衡饮食的好习惯。更重要的是，我学会了如何更好地通过互动来支持孩子，以及针对不同孩子采用不同的互动策略，这让我能够在实践中更好地支持他们的成长。

案例三 等等小车厢——组织开展早点活动的故事

故事背景：

九月新学期，托班迎来了一群初次入园的小朋友。许多孩子第一次离开父母，进入陌生的环境，情绪波动较大，表现出哭闹等分离焦虑。尤其在进餐环节，大多数幼儿尚未适应集体用餐，导致用餐秩序显得有些混乱。在日常的观察中，我发现如何有效引导幼儿缓解焦虑情绪，逐步适应园所集体生活，仍面临着一定的挑战。

学习与改变：

案例分享是以一个具体的案例为载体，对日常生活中容易碰到的问题情境进行深入分析，在交流中习得解决问题方案的培训活动。其中，我与保育员们回顾了日常进餐时孩子们的表现，包括争抢座位、挑食不吃、用餐拖沓等情况。接着，大家共同分析了这些问题背后的原因，如孩子们对新环境的不适应、对集体用餐规则的不了解等。最终我们形成了一个游戏化的解决方案——"情景车厢游戏"，将餐桌比作"早点车厢"，引导孩子们排队上车成为"有耐心的小乘客"，在等待用餐的过程中与孩子们互动，询问他们今天想吃什么样的点心，以及用餐结束后引导孩子们按顺序下车等。

调整与优化：

设计游戏情境：我微笑着向孩子们宣布："今天我们的早点车厢开动啦！快来排好队，看看谁是最有耐心的小乘客！"通过"早点车厢"的命名，将餐桌与游戏场景巧妙结合，鼓励孩子们思考并选择自己今天想吃的点心，以此作为游戏的一个环节，既增加了互动性，又让孩子们在排队等待时有了更多的期待。

调整等待过程：孩子们被新奇的游戏吸引，争先恐后地坐到"车厢"里排队等待，排队的秩序逐渐取代了原本的争抢和混乱。排队过程中，孩子们悄悄询问旁边小伙伴的选择，或兴奋地表达自己的期待，这样的互动不仅增强了同伴间的交流，也让等待时间变得有趣而充实。

引导自助用餐：当餐桌上有孩子快吃完时，我轻轻走到"头部车厢"，温柔地宣布："下一站到啦！请小乘客下车吧！"这样的信号既新颖又易于理解，有效引导孩子们按顺序走向座位开始用餐。已经在用餐的孩子继续享受美食，而新入座的孩子也满怀期待地开始用餐，整个用餐环节在轻松愉快的氛围中进行，孩子们不再感到单调和无聊。

实践后效果：

"情景车厢游戏"在托班中取得了显著的效果。孩子们进餐时的焦虑情绪得到了有效缓解,他们开始享受排队等待的过程,与同伴之间的互动也变得更加友好和积极。同时,进餐环节的秩序也得到了明显的改善,孩子们能够按照规则有序地用餐,不再出现争抢座位或挑食不吃的情况。我也对保教融合的理念有了更深入的理解和实践经验,能够更加自信地应对日常保育工作中的各种挑战。

案例四 我会上厕所啦——家园共育培养如厕能力的故事

故事背景:

乐乐是一个月龄很小、肉嘟嘟、很可爱的孩子,她的语言表达能力很强,但是情绪波动较大,生活能力较弱,因此她是一直穿着纸尿片的,她对纸尿片的依赖特别大,其他老师让她坐小马桶,她还拒绝,我让她试试看,她也是勉强答应,即便坐上了小马桶也没有排便意识。其实在托班中,不少幼儿已经逐渐具备了控制括约肌的能力,心理上也已做好了如厕训练的准备。于是,我们与家长合力,共同帮助乐乐养成良好的如厕习惯。

学习与改变:

讲座是能够系统化学习保教知识的培训活动。其中,我深入理解了婴幼儿生理和心理发展,更重要的是,它强调了家园合作在婴幼儿教育中的核心作用。婴幼儿的教育与成长是一个系统工程,需要家庭与幼儿园之间的紧密合作,家长作为孩子的第一任教育者,对孩子的了解最为深入,而幼儿园则拥有专业的教育资源和环境。当这两者有效结合时,能够形成强大的教育合力,促进孩子的全面发展。

调整与优化:

创建专属如厕环境:我与班组老师一起与家长展开沟通,建议家长在卫生间或家中私密、安全的地方放置一个适合孩子身高的坐便器,旁边放上常用的如厕用具。鼓励孩子参与布置"我的小厕所",如贴上自己喜欢的贴纸或画作,增加孩子对如厕环境的亲近感和归属感。

培养如厕意识与习惯:我们建议通过亲子阅读,如使用关于上厕所的绘本,帮助孩子了解上厕所的流程、礼仪和方法,并在适当的时候提醒孩子上厕所,鼓励孩子主动表达自己的如厕需求,如"我要尿尿/拉粑粑"。

建立规律的如厕时间:我与家长一起观察并记录孩子每天的生活作息,特别是喝水和排便的时间。根据孩子的作息规律,设定固定的如厕时间,帮助孩子逐渐建立条件反射,形成规律的如厕习惯。

实践后效果:

经过家园双方的共同努力,乐乐在如厕习惯上取得了显著的进步。她逐渐适应了坐小马桶,开始有了排便意识,并且能够主动向我们表达如厕需求。这一转变不仅让乐乐在生理上更加独立,更重要的是,她在心理上获得了巨大的成长,变得更加自信和开朗。

通过保育实践课程故事的呈现,保育员在实践中的探索与反思得以深化,宝贵的经验和教训得以提炼。这些故事不仅展示了保育员在环境创设、活动组织、师幼互动、家园合作等方面的卓越表现,也见证了我们基于教养融合的保育员分层式园本培训体系在促进保育员专业成长方面所取得的显著成效和创新实践。

通过以上四个不同维度的故事叙述,我们可以清楚地看到保育员是如何在保教融合专业发展上得到提升的。具体而言,在"餐具变变变"的故事中,保育员敏锐地捕捉到孩子们对早点环节兴趣缺失的问题,并积极寻求解决方案。通过参与保育小课堂的培训,她不仅学习了环境创设的重要性,还掌握了如何通过调整餐具来激发幼儿兴趣的方法;"'畅销'的营养水"这一故事则展示了保育员在师幼互动方面的成长,面对孩子们对特定营养水的偏好与抗拒,保育员通过现场观摩资深保育员的实践,学习了如何更好地与孩子们互动,激发他们的好奇心和探索欲;"等等小车厢"的故事则凸显了游戏化教学在保育实践中的应用价值,保育员通过参与案例分享的培训活动,学习了如何将游戏化元素融入日常保育工作中;"我会上厕所啦"的故事则展示了家园共育在保育实践中的重要作用,保育员通过参加讲座培训,深入了解了婴幼儿生理和心理发展的特点,以及家园合作在婴幼儿教育中的核心作用。

这四个保育实践课程故事诠释了培训对保育员保教融合专业能力提升的深远影响。经由系统的培训,保育员们不仅汲取了丰富的专业知识与技能,更学会了如何将这些宝贵的知识与技能巧妙地融入日常实践中,以科学、合理的方式引领幼儿健康成长。课程故事映照出保育员在专业旅途上的点滴进步与成长轨迹,它为我们提供了一个独特的视角,使我们得以深刻洞察培训在强化保育员保教融合专业能力上的核心价值,以及分层式园本培训在精准解决保教实践难题中所展现出的高效与针对性。

第二节 保育员个人建立专业发展的自觉意识

托幼机构保育员的工作内容长期被人为界定为主要是卫生清洁与打扫,这让保育员缺乏专业发展意识与职业规划设想,经过我园分层式园本培训,我们针对处于不同职业发展期的保育员,深刻剖析了其职业发展中的突出问题,并结合培训目标的制定,帮助他们找到自己的"最近发展区",搭建专业成长的阶梯,在此过程中,我们发现保育员的个人专业发展自觉意识也得到了激发。

一、保育员个人发展方向的明确

在专业发展的道路上,保育员首先需要明确个人发展方向,这要求保育员根据自身实际情况和职业发展目标,制订一份详细而具体的个人提高计划。该计划应涵盖个人情况分析、重点提高项目、发展的措施与策略等方面,深度剖析自身情况,制订发展目标,让保育员能够有针对性地提升自己的专业发展意识,更好地适应保教工作的需求,为幼儿的健康成长提供更加优质的服务。

职初期保育员的个人提高计划

一、个人情况分析

（一）个人优势

作为一名新晋保育员,我具备扎实的理论知识基础,对待工作充满热情与耐心。在与幼儿的日常互动中,能够快速建立起良好的关系,赢得他们的信任。此外,我具备敏锐的观察力,能够捕捉到幼儿的需求并提供支持。这些优势为我开展保育工作奠定了坚实的基础。

（二）实践困惑

今年,我首次担任大班保育员,我深刻感受到大班幼儿与托、小班幼儿在各方面的显著差异。首先,大班幼儿的体育活动时间更长,活动强度也相应增强;其次,他们在生活自理能力上有了显著提升,能够独立完成大部分自我照顾任务,并能在一定程度上协助老师完成一些班级的日常事务。这些差异让我深刻认识到,必须及时调整自己的工作方法和策略,以更好地满足大班幼儿的需求。

二、重点提高项目

培养幼儿自主穿脱衣物的能力。

三、措施与策略

（一）适时提醒

根据天气变化和活动的具体需求,适时提醒幼儿增减衣物,而非简单地替他们完成穿衣脱衣。通过适时的提醒和指导,逐步培养他们自主调整衣物的能力,让幼儿学会根据冷热的感觉调整衣物。

（二）积极反馈

鼓励幼儿尝试独立穿脱衣物，并在他们成功完成时，给予积极的反馈，如"你已经能够自己穿衣服了，真棒！"这样的正面肯定不仅能够增强幼儿的自信心，还能提升他们的自我效能感，让他们相信自己有能力独立完成更多的任务。

（三）个别辅导

对于一些有特殊需求的幼儿，将提供个别辅导。根据每个孩子的需求和学习节奏，通过示范和分步指导，耐心地教他们如何正确穿脱衣物，帮助幼儿逐步理解和模仿穿脱衣物的动作，逐渐减少他们对成人辅助的依赖。

四、预期效果

通过适时的提醒和积极的鼓励，能力较强的幼儿能够自主判断冷暖，并学会自己增减衣物。而能力较弱的孩子，也能在适当的提醒下，逐渐掌握穿脱衣物的基本生活技能。

发展期保育员的个人提高计划

一、个人情况分析

（一）个人优势

在中托工作已迈入第七个年头，我始终秉持认真、负责的态度履行保育工作职责。在过往的工作中，我已带领过多个大年龄段的班级，对这一年龄段孩子的成长特点和行为模式积累了较为丰富的实践经验，能够为孩子们的健康成长提供更多的支持和保障。

（二）实践困惑

在实践中，如何在自我保护与鼓励幼儿自主之间找到平衡点，既要激励他们自己尝试,又要避免因操作不当造成安全隐患,是我当前工作中的一大难题。例如,如何在确保幼儿享受美食的同时,教会他们安全地处理食物中的骨头和鱼刺,进行自我保护,是我目前亟待解决的问题。

二、重点提高项目

引导幼儿学会安全处理带骨带刺食物,掌握正确的食用方法,培养他们的饮食安全意识。

三、措施与策略

(一)清楚说明要求,建立初步意识

在幼儿进餐前,首先要向他们清晰地说明进餐时的要求。例如,可以提前告诉幼儿:"饭菜吃到一半想吃肉的小朋友,要特别小心骨头或者鱼刺。记得将骨头轻轻放在中间的骨碟里,而不是随意扔进或者弹进骨碟中。"通过反复耐心地提醒,鼓励幼儿在进食带骨带刺的食物时,正确地将骨头和刺放入骨碟中,从而养成正确的进餐习惯及安全的饮食意识。

(二)细心细致观察,耐心指导幼儿

每个幼儿在处理带骨带刺食物时的能力不同,有些孩子在剥鱼剥虾等操作时显得较为薄弱。对于这些孩子,我会建议他们将带骨带刺的食物放到最后再吃,避免发生误食骨头或鱼刺的意外。同时,在他们尝试剥鱼剥虾时,我会进行细致的观察,并在适当时给予鼓励和指导,如:"慢慢来,不着急,注意小心鱼刺。"通过这种方式,在帮助孩子们提高处理带骨带刺食物技能的同时找到处理"安全隐患"的方法。

四、预期效果

帮助幼儿养成正确的进餐习惯,特别是在处理带骨带刺食物时,能够正确剥除鱼刺或骨头,减少因误食造成的伤害。此外,孩子们能够学会自主、安全地进餐,逐步养成良好的行为习惯与安全意识。

成熟期保育员的个人提高计划

一、个人情况分析

（一）个人优势

经过多年的实践和学习，我已经积累了丰富的中大班保育经验，并且在工作中展现出了高度的责任感和敬业精神。通过不断学习幼儿教育及保育相关知识，我深知如何根据幼儿不同的发展需求，灵活调整保育策略。带这一届中班升到大班的孩子时，我与两位老师已经形成了默契的合作关系。这些优势使我能够在保教工作中高效应对挑战，灵活应变。

（二）实践困惑

在实际工作中，我意识到每个幼儿都是独特的，他们的需求和行为反应各不相同。特别是在肥胖儿童的体重控制方面，我遇到了一些困惑。如何在保证幼儿获得充足营养的同时，帮助他们有效控制体重，避免过度肥胖。尽管我已经采取了一些措施，但如何为肥胖儿提供更加个性化的支持和指导，依然是我亟待解决的问题。

二、重点提高项目

大班肥胖儿童管理，是指通过科学的饮食与运动管理帮助肥胖儿童达到健康体重，改善其生活质量。

三、措施与策略

（一）个性化饮食管理，培养健康生活习惯

为帮助大班肥胖儿进行体重管理，首先需要为其制定个性化的饮食方案。我将通过细致观察肥胖儿童的饮食习惯，与厨师合作制定合适的饮食计划，合理限制高热量、高脂肪和高糖分的食物摄入，同时保证其在蛋白质、维生素和矿物质等方面的营养摄入。在进餐顺序上，引导肥胖儿先喝汤、再吃蔬菜，最后食用主食和肉类。

(二)协助开展多样化户外活动,增加运动强度

在户外活动中,我将更加关注肥胖儿童的动向,并为他们创造合适的条件,通过有目的的游戏训练激发他们参与活动的兴趣。在活动过程中,我会通过引导和鼓励等方式适度增加他们的运动量,密切观察肥胖儿的表现,包括出汗量、面色变化及情绪波动等,确保在活动中及活动结束后提供有效护理。

四、预期效果

提升大班肥胖幼儿户外活动的兴趣和参与度,在未来一段时间内实现体重的有效控制,逐渐达到健康范围,并改善饮食习惯和生活方式,包括减少高热量食物摄入、增加蔬果及营养食物的消费等,促进肥胖儿童的健康成长。

在保育员的专业成长道路上,个人提高计划作为个人专业发展的重要工具,扮演着"指导"的角色。通过对上述三位处于不同职业发展阶段的保育员个人提高计划的深入对比,我们可以清晰地看到培训如何激发保育员的个人专业发展自觉意识,并推动其在实践中不断进步。

职初期的保育员经验尚浅,急需将理论知识转化为实践能力,在这个阶段,培训的作用在于引导保育员快速适应工作环境,掌握基本的保育技能。通过培训,职初期保育员不仅获得了扎实的理论基础,还学会了如何敏锐地观察幼儿的需求,并适时给予支持和帮助。例如,针对幼儿自主穿脱衣物的能力培养,职初期保育员通过培训学会了适时提醒和积极反馈的策略,这些策略的有效运用,不仅提升了幼儿的生活自理能力,也增强了保育员的自信心和专业成就感;进入发展期,保育员开始面临更为复杂的问题,比如如何在自我保护与鼓励幼儿自主之间找到平衡点。此时,培训的重点转向了技能优化与问题解决能力的提升。通过培训,发展期保育员学会了如何清晰说明要求、建立幼儿的安全意识,以及如何细心观察、耐心指导幼儿处理带骨带刺食物等技巧。这些技能的掌握,不仅提升了保育员的专业素养,也使其在保教融合的实践中更加得心应手;到了成熟期,保育员已经积累了丰富的实践经验,并开始关注如何针对特

定问题进行系统性处理。在这个阶段，培训的作用在于激发保育员的创新精神和科研意识，推动其不断探索科学的教养方法。例如，针对大班肥胖儿的管理问题，成熟期保育员通过培训学会了如何制定个性化的饮食方案、协助开展多样化户外活动等策略。这些策略的有效实施，不仅帮助肥胖儿童实现了体重的有效控制，也提升了保育员的专业能力和影响力。

上述三位保育员的个人提高计划，深刻反映了她们在不同职业发展阶段对自我提升的追求与实践。从职初期的保育基础到发展期的技能优化，再到成熟期的科学教养融合，每位保育员都精准定位了自身发展阶段的主要挑战，并针对性地提出了解决措施。个人提高计划不仅展现了保育员们对自身职业发展的清晰认知，也体现了她们在不同阶段对专业成长的自觉追求。有效的培训不仅为保育员提供了汲取专业知识的平台，更重要的是，它激发了保育员们的自我发展意识，鼓励她们主动寻求自我提升的机会，将培训内容与个人实践紧密结合，从而不断提升个人专业发展的新高度。

二、保育员自我反思意识的优化

保育员个人反思是一个深度自我审视的过程，它涵盖了保育员在工作实践中的各个方面，旨在通过内省和自我评价，促进个人专业成长和服务质量的提升。因此，定期的自我反思对于保育员而言至关重要，保育员从日常性反思和总结性反思两个方面，深入审视自身工作表现，识别个人优势与有待改进之处，进而激发其主动寻求专业发展的机会。

周计划是保育员在日常工作中制定的一种详细规划，它通常涵盖了接下来一周内需要完成的各项保育任务、活动安排、幼儿的学习与发展目标等内容。周计划的制定有助于保育员有条不紊地开展工作，确保每一项保育活动都能得到充分的关注和准备。因此，周计划反思作为一项常态化的自我提升过程，它促使保育员定期审视自己每周的工作计划与执行情况，分析成功与不足，清晰地认识到自己在保育实践中的强项与有待改进之处，优化工作方法，从而激发其专业发展自觉意识。

保育员的周计划反思一(部分列举)

生活	内容与措施	内容:学脱外套和套头衫。 措施:看"脱衣本领大"步骤图。
	观察与指导	1. 观察幼儿理解步骤图的情况。 2. 来园后引导幼儿尝试自己脱下外套,午睡前引导幼儿自己脱下套头衫。

调整与反思		在本周的保育工作中,我主要负责引导幼儿学习脱外套和套头衫的生活技能。虽然通过"脱衣本领大"步骤图和教师示范,大多数孩子对脱衣步骤有了初步的认识,但在实际操作过程中,我观察到一些孩子对步骤图的理解存在困难,难以将其转化为自己的实际操作。此外,部分孩子在尝试自己脱衣时显得较为笨拙,缺乏自信心,这让我感到有些担忧。
		  我认为问题的根源在于个体差异和引导方法的单一性。每个孩子的发展速度和兴趣点不同,而我可能过于依赖步骤图,没有充分考虑到孩子们的个体差异。同时,虽然教师示范是必要的,但缺乏与孩子们的互动和个别指导,使得一些孩子在理解上存在障碍。
		  下周我计划采取以下措施:首先,我将优化步骤图,增加一些卡通形象,使其更加生动有趣,易于孩子们理解。其次,我将加强个别指导,对于理解能力较弱的孩子,给予更多的耐心和关注,手把手教他们操作,帮助他们逐步掌握脱衣技巧。

保育员的周计划反思二(部分列举)

生活	内容与措施	内容:睡觉。 措施:听儿歌《宝宝自己会睡觉》。

续 表

观察与指导		1. 观察幼儿午睡情况,看看孩子是否会自己钻被洞、盖小被。 2. 在孩子午睡时,引导孩子学习钻被洞的方法,盖好小被子预防着凉。

调整与反思		本周,我尝试通过播放儿歌《宝宝自己会睡觉》来引导幼儿自主入睡,并观察他们在午睡时的表现。然而,在实际操作中,我发现部分幼儿虽然能够随着儿歌的节奏安静下来,但在盖被子和钻被洞方面仍显得不够熟练,有的幼儿甚至不会自己盖被子,导致午睡时容易着凉。此外,尽管我在午睡时进行了引导,但仍有部分幼儿未能掌握正确的钻被洞方法,影响了他们的睡眠质量。
		  我认为问题的根源在于幼儿的生活自理能力尚未得到充分发展,以及我在引导过程中的方法可能不够细致和具体。对于盖被子和钻被洞这些看似简单的动作,实际上需要幼儿具备一定的手部协调能力和空间感知能力,而这些能力的发展需要时间和实践。同时,我在引导时可能过于笼统,没有针对不同幼儿的特点进行个别指导,导致部分幼儿未能掌握正确的技巧。
		  为了改进下周的午睡情况,我计划采取以下措施:首先,我将加强对幼儿生活自理能力的培养,通过日常活动中的小游戏和练习,提高他们的手部协调能力和空间感知能力。其次,在午睡时,我将更加细致地引导幼儿钻被洞和盖被子,针对不同幼儿进行个别指导,确保他们能够掌握正确的技巧。同时加强反馈,与家长共同关注幼儿在家中的午睡情况,形成家园一致的教育环境。

保育员的周计划反思三(部分列举)

生活	内容与措施	内容:抹香香。 措施:提供适宜婴幼儿的护肤产品,在班级内设置"抹香香"生活角,鼓励孩子擦完脸后自己尝试涂抹"香香"。

续　表

	观察与指导	1. 观察幼儿是否愿意自己涂抹,使用护肤霜的量是否适宜。 2. 用儿歌指导幼儿正确涂抹护肤霜。
调整与反思		在本周的"抹香香"活动中,我尝试通过设置生活角和提供适宜婴幼儿的护肤产品,鼓励孩子们在擦完脸后自己尝试涂抹护肤霜。然而,在观察过程中,我发现部分幼儿对自己涂抹护肤霜的兴趣并不高,有的幼儿甚至在使用护肤霜时对涂抹量控制不当,导致涂抹不均匀或过量。尽管我用儿歌进行了指导,试图让涂抹过程更加有趣和易于理解,但部分幼儿仍然显得不够熟练,需要更多的帮助和引导。 　　我认为问题的根源可能在于幼儿对自我护理的兴趣尚未被充分激发,以及他们缺乏涂抹技巧。幼儿对新事物的接受程度各不相同,有的幼儿可能对涂抹护肤霜这样的活动并不感兴趣,或者对如何正确涂抹还缺乏足够的认知。同时,虽然儿歌可以作为一种有趣的指导方式,但对于部分幼儿来说,可能还需要更加直观和具体的示范。 　　我计划采取以下措施:首先,我将尝试通过故事、角色扮演等更加生动的方式激发幼儿对自我护理的兴趣,让他们更加主动地参与到活动中来。其次,我将对幼儿加强涂抹技巧的指导,通过更加直观和具体的示范,帮助他们掌握正确的涂抹方法。同时,我也将鼓励幼儿之间的互助合作,让他们在相互学习中提高自己的涂抹能力。

保育员的周计划反思四(部分列举)

生活	内容与措施	内容:整理玩具。 措施:阅读绘本《收起来》、听音乐《玩具玩具我爱你》。
	观察与指导	1. 观察孩子是否有整理玩具的意识。 2. 播放音乐《玩具玩具我爱你》,提醒孩子活动结束后把玩具放回他们的"家"。

续 表

调整与反思	在本周的整理玩具活动中,我采用了阅读绘本《收起来》和听音乐《玩具玩具我爱你》两种措施来引导幼儿养成整理玩具的习惯。然而,在实际观察中,我发现尽管孩子们对绘本和音乐表现出了一定的兴趣,但在实际整理玩具时,仍有部分孩子缺乏主动整理的意识,往往需要老师的多次提醒才愿意动手。此外,即使孩子们开始整理,也有部分孩子无法准确地将玩具放回原处,导致玩具摆放凌乱。 　　我认为问题的根源可能在于幼儿对整理玩具的重要性认识不足,以及缺乏整理技巧。绘本和音乐虽然能够吸引孩子们的注意力,但在引导他们形成整理习惯方面可能还不够深入。同时,部分幼儿在空间认知和物品归类方面还存在困难,导致他们无法准确地将玩具放回原处。 　　我计划采取以下措施:首先,我将通过角色扮演、故事讲述等更加生动的方式,加深孩子们对整理玩具重要性的认识,让他们明白整理玩具不仅是保持环境整洁的需要,更是对玩具的尊重和爱护。其次,我将加强对幼儿整理技巧的指导,通过示范和练习,帮助他们掌握正确的玩具归类和摆放方法。同时,我也将鼓励孩子们之间的相互监督和帮助,更好地促进幼儿整理习惯的养成。

保育员的周计划反思五(部分列举)

生活	内容与措施	内容:吃饭本领大。 措施:讲述故事《吃饭》。
	观察与指导	1. 观察幼儿进餐时的行为表现,如是否能自己进餐、需要帮助等。 2. 结合故事情节,帮助幼儿理解故事内容,激发幼儿自主进餐的意愿。

续 表

调整与反思	本周我通过讲述故事《吃饭》来引导幼儿理解自主进餐的重要性,并观察他们在进餐时的行为表现。然而,我发现部分幼儿虽然对故事情节表现出浓厚的兴趣,但在实际进餐时仍表现出较强的依赖性,如需要老师或同伴的帮助才能完成进餐。此外,还有一些幼儿虽然能够自己进餐,但在进餐过程中存在挑食、浪费食物等问题。 我认为问题的根源可能在于幼儿对于自主进餐的理解尚不够深入,以及在实际操作中缺乏足够的实践机会。故事虽然能够激发幼儿的兴趣,但在引导他们将兴趣转化为实际行动方面可能还存在不足。同时,部分幼儿可能由于家庭环境或生活习惯的影响,形成了不良的进餐习惯,如挑食、浪费等。 我计划采取以下措施:首先,我将结合故事情节,设计一些更加贴近幼儿实际生活的进餐小游戏,如"我是小厨师""餐具小能手"等,通过游戏化的方式帮助幼儿加深对自主进餐的理解,并提高他们的进餐技能。其次,我将更加细致地观察幼儿的行为表现,及时给予正面鼓励和具体指导,帮助他们逐步克服依赖心理,增强自主进餐的自信心和积极性。

周计划反思是保育员专业成长的重要途径,它不仅帮助保育员回顾和总结过去一周的工作成效与不足,更重要的是,通过深入的问题分析、根源挖掘以及策略调整,促使保育员建立起专业发展的自觉意识,这种自觉意识是保育员不断提升自身专业素养、优化保育实践的关键所在。在周计划反思中,保育员需要诚实地记录自己在工作中遇到的问题和困难,这些问题可能涉及幼儿的日常生活照顾、行为习惯培养、安全教育等多个方面。通过明确问题,保育员能够意识到自己在工作中的不足和需要改进的地方,从而引发深入的思考和探究,这种思考和探究的过程,正是保育员建立专业发展自觉意识的起点。在明确问题之后,保育员需要进一步分析问题产生的根源,并寻找有效的解决方案。通过深入分析和寻找解决方案,保育员能够不断提升自己的专业素养和解决问题的能力,从而增强自己的专业发展自觉意识。周计划反思的最终目的是更好地指导下一周的工作,因此,保育员需要制订下周的工作计划,明确自己的工作目标和重点,通过持续改进工作计划,保育员能够不断积累经验、提升能力,从而更加自

觉地推动自己的专业发展。

除了日常的周计划反思,学期末总结反思同样是促进保育员专业成长的重要途径。在经过一个学期的学习和实践后,保育员积累了宝贵的经验和深刻的感悟,学期末是保育员进行自我反思和总结的重要时刻,通过深入反思自己在保教工作中的表现,保育员可以发现自身存在的问题和不足,为未来的工作提供有益的启示。反思内容包括常规保教工作方面以及保教融合方面,通过反思,保育员可以总结经验教训,将反思结果转化为实际行动,为下学期的工作提供借鉴和指导,从而形成个人成长的可持续循环,不断优化自己的保教实践。

保育员学期末总结反思一

今年,我刚刚步入保育员的工作岗位,遇到了诸多困难,但是我也在其中不断积累经验,从熟悉新园区环境到慢慢理顺完整的一套保育流程,我感觉到自己在这学期的付出和收获是成正比的。

一、常规保育工作的反思

(一)困难与不足

1. 对工作流程不熟悉导致事务疏漏

面对普陀园区广阔的环境,我在餐食取送流程中,由于对工作流程及园所环境的熟悉程度不足,偶尔会出现疏漏,如误将托盘随餐车一同送走、擦汗毛巾未及时洗涤等。这些虽是小事,但反映出我在细心与专注方面的不足,需要进一步提升。

2. 幼儿过敏信息过多,缺乏高效管理

班级中有多名幼儿存在过敏情况,且过敏食物种类繁多,导致我在处理这些信息时感到力不从心,容易遗漏或混淆。这种现状不仅增加了我的工作压力,也潜在地威胁到幼儿的健康与安全。

（二）改进思路

1. 优化时间管理和路线规划

我将以班级为中心，认真规划每日的行走路线，确保餐食取送高效且无误。同时，提前整理保育操作思路，避免遗漏，确保每项工作都能有序进行。

2. 利用生活保育板块提醒幼儿过敏信息

我将积极参与生活保育板块的整理、归类和完善工作。鉴于班级中存在多名过敏体质的幼儿，我已迅速创建了"特别关注"环境创设版面，并将其张贴在保育操作台附近，以便随时查阅。该版面详细列出了本班生长发育迟缓及过敏幼儿的相关信息，包括过敏原等，这一醒目的环境提示将在分餐时提供极大的帮助。

二、保教融合工作的反思

（一）困难与不足

1. 缺乏对幼儿自主意识和生活习惯的培养

本学期，我在培养幼儿自主意识和生活习惯方面存在不足，特别是在冬季幼儿进餐主动性方面，因担心食物变凉而过度催促或帮助，削弱了幼儿的自主性。

2. 缺乏促进幼儿户外运动参与性的保教策略

在户外运动环节，部分幼儿更倾向于与同伴交流而非积极参与器械活动，如青蛙跳等，我缺乏有效策略来激发幼儿对这些活动的兴趣。

（二）改进思路

1. 加强班级教师间的沟通协作

在保教融合方面，我感觉自己的参与性相较以往变强了，并更积极地提出保育方面的建议，这标志着我在促进保教融合工作方面迈出了重要的一步。鉴于我班特殊体质和过敏儿童较多，班级两位教师与我就进餐座位安排及午睡位置摆放进行了深入沟通，并充分吸纳了我的经验分享，迅速达成共识。我感到班级工作的顺利开展与我和同事之间不断交流、沟通、配合是密不可分的。

2. 利用环境创设培养幼儿用餐自主性

针对幼儿午餐速度慢、用餐自主性不足的问题，我采纳了创设鼓励性环境的建议。计划通过奖励机制，设立"光盘小达人"展示板，对于用餐迅速、干净且不挑食的小组，将在全员用餐完毕后在对应组别贴上一颗五角星，每周统计一次五角星数量，每周获得五角星最多的两个小组将获得贴纸奖励。我期待该展示板能尽快完成并投入使用，以期达到预期效果。

3. 通过教师参与和支持策略提升幼儿户外运动的兴趣

为提升幼儿在青蛙跳等户外运动中的兴趣，我尝试了鼓励与挑战相结合的支持性策略。例如，我向身边的孩子提议："来给自己定一个小目标，这次我想跳五下。"一个孩子随即回应："我可以跳十下。"在共同拍手计数的过程中，孩子成功跳了二十六下，这一成绩激发了更多孩子的挑战欲望。

保育员学期末总结反思二

一个学期转眼间就快临近尾声，近4个月的集体生活让孩子们都成长了不少。从不停哭闹着要回家，到现在能开开心心地来幼儿园；从需要老师一口一口喂饭，到现在能自己拿勺子独立吃饭，每个孩子都在慢慢进步。而我，作为一名照料他们一日生活的保育老师，也在工作中不断摸索，有过疑惑，有过尝试，也有过挑战。

一、常规保育工作的反思

（一）困难和不足

1. 注意力分配不均

在幼儿护理过程中，我察觉到自己在注意力分配上存在偏颇。理论上，保育员应尽力关注每位幼儿，但我往往倾向于将更多的注意力放在情绪波动大或能力稍弱的幼儿身上，从而无意间忽视了其他幼儿的需求。这一现象在日常生活环节中尤为凸显，导致我时常处于忙碌与紧张之中。

2. 睡眠照料缺乏个性化

在幼儿的睡眠照料上，我未能充分考虑到个体差异，这引发了一些具体问题。例如，对于光线敏感的幼儿，我未能及时调整睡眠环境以确保其安睡；对于易出汗的宝宝，我也未能及时调整被褥厚度以防止过热。这些问题均需要我更加细致地观察，并寻找个性化的解决方案，以确保每位幼儿都能享有优质的睡眠。

（二）改进思路

1. 优化观察策略，实现均衡关注

为了改善注意力分配不均的问题，我计划实施轮流关注制度，确保每位幼儿都能在一定时间内得到应有的关注。具体而言，我将制定详细的观察计划，将幼儿分组，并在不同时间段内专注于不同组别，以实现注意力的均衡分配。同时，我将引入更多互动游戏，鼓励幼儿自我管理和表达，以便在必要时提供个别指导，并更全面地了解他们的需求和行为模式。

2. 个性化调整睡眠环境

针对睡眠照料中的个体差异，我将采取以下措施：对于光线敏感的幼儿，将其床位调整至远离窗户的位置，或使用眼罩、小毛巾等遮挡光线；为易出汗的幼儿准备轻薄透气的被褥，并根据气温变化适时调整被褥厚度；在室内安装温度计，根据室内外温差调整室内温度，确保幼儿能在适宜的环境中安然入睡。

二、保教融合工作的反思

(一) 困难和不足

1. 保育与教育契机失衡

在反思工作的过程中,我意识到自己在某些时候过于注重保育工作,而未能充分利用教育契机。例如,在处理幼儿洗手问题时,我未能及时教育他们正确使用洗手液和认真洗手的重要性,以及不认真洗手的健康风险。鉴于托班幼儿年龄尚小,自我控制力和生活能力相对较弱,作为保育老师,我有责任引导他们养成良好的行为习惯和卫生习惯。因此,我应在日常活动的各个环节中敏锐捕捉教育契机,以促进幼儿全面发展。

(二) 改进思路

1. 重视环境创设,发挥隐性教育作用

我将设置各种标识和提示,如"七步洗手法"图片、"上厕所"流程标识等,以引导幼儿自觉遵守常规。同时,我将为幼儿提供整洁、有序的活动空间,并在各个区域张贴提醒幼儿排队秩序的小脚印等标识。此外,我还将铺设软垫、地毯等柔软物品,为幼儿营造一个安全、温馨、自由、自主的发展环境,让他们在探索周围事物的过程中养成良好的习惯。

2. 强化常规秩序,培养自理能力

在日常工作中,我将以身作则,通过及时的回应和有效的沟通为幼儿树立良好的榜样。对于遵守常规、有好习惯的幼儿,我将及时给予表扬和鼓励,以激励其他幼儿向他们学习并养成良好的行为习惯。同时,我将更加注重培养幼儿的自理能力。在日常保育工作中,我将鼓励幼儿自己穿衣服、包裤子等,并采用"钻山洞"等游戏方式引导幼儿逐渐学会自理。对于不愿自理的幼儿,我将采取适当的策略进行引导,如先不帮助他们,待其他幼儿都完成自理任务后再进行提醒和鼓励。这些做法不仅有助于幼儿形成良好的生活习惯和自理能力,还能提高他们的自信心和动手能力。

保育员学期末总结反思三

时光荏苒,不经意间一个学期就要过去了。本学期,我也在工作中学到了很多,有了一些自己的感想,总结一下这个学期的经验,以便更好地提高自己的工作水平。

一、常规保育工作的反思

（一）困难和不足

1. 幼儿饮食习惯细节管理待提升

在日常保育实践中,我觉察到自己在幼儿饮食习惯的细节管理上尚有提升空间。例如,荔荔早餐时点心迅速下肚,但喝牛奶却异常缓慢。起初,我误以为这是她的个人偏好,后经与班级老师沟通才得知,荔荔在家已喝过牛奶,因此不愿再喝。此后,我每日细致询问荔荔的早餐状况,以便灵活调整园内的牛奶供应。

2. 突发事件应对能力需强化

面对突发事件,我意识到自己在冷静应对与果断决策方面有所欠缺,这主要源于经验的匮乏。例如,幼儿在户外活动中不慎摔倒时,我有时会因紧张而影响即时判断。其实,多数情况下孩子们只是轻微擦伤,我本应迅速采取冷敷措施。然而,紧张情绪导致我反应过度,并将焦虑传递给幼儿,使情况复杂化。尤其是面对幼儿呕吐的情况,我有时会急于清理呕吐物,而忽略了对幼儿情绪的及时安抚。

（二）改进思路

1. 关注幼儿在家情况,优化早餐管理

幼儿在家与在园的饮食状况需要得到沟通与反馈。例如,幼儿是否在家吃过早餐、是否肠胃不适、饭量是否正常等,都需要教师与家长在幼儿入园、离园时及时交流。鉴于华山园部分幼儿住家较远,早上可能来不及吃早餐,我需更加关注幼儿早餐的细节,了解每个幼儿在家早餐的情况,据此调整园内的牛奶与点心供应。利用家长接送幼儿的机会,我会主动询问并反馈幼儿在园情况,确保家园信息同步,促进教育协同。

2. 营造安全环境,提升应急处理能力

保障幼儿身心健康,提供安全成长环境,首要任务是做好清洁卫生。幼儿园作为孩子们的第二个家,班级内的清洁卫生至关重要。我每日提前到岗,细致地清洁消毒,确保所有可接触物品与角落干净整洁,为幼儿营造一个安全、干净、温馨的学习与生活环境(冬季特别注意室温)。同时,幼儿来园前与离园后,我会仔细检查教室电器电源、门窗及地面、物品的安全状况,时刻铭记细节,确保万无一失。

在应急处理方面,我将积极参加突发事件处理讲座与培训,认真记录并时常复习,努力将理论知识转化为实践技能。对于擦伤、流鼻血、呕吐等日常应急处理技能,我会记录并张贴于保育操作台附近,以便在处理突发情况时迅速应对,保持冷静。

二、保教融合工作的反思

(一)困难和不足

1. 情感响应的挑战

托班幼儿初入集体环境,情感需求尤为强烈。在日常活动中,我可能未能充分满足幼儿的情感互动需求。例如,入园时,我忙于帮助幼儿穿脱衣物、准备早点等,忽略了主动打招呼与拥抱的重要性,这可能影响幼儿对幼儿园环境的接纳与参与感。当幼儿兴奋地向我展示绘本、玩具时,我也未能及时给予积极反馈,只是简单地回应"真棒""真好看"等缺乏针对性的夸奖,未能进一步引导幼儿交流相关话题,导致部分幼儿与我互动的积极性降低。

(二)改进思路

1. 采用个性化问候,提升互动质量

我将以亲切的态度、温柔的言语和温暖的拥抱等肢体接触回应幼儿,让幼儿在园感受到家的温暖与亲切。例如,每天入园时,我会主动与幼儿打招呼、拥抱,让他们感受到被关爱与关注,为一日活动的顺利开展奠定情感基础。我会根据每个孩子的特点与喜好,设计个性化的问候方式,如用"滴滴"声与喜欢汽车的孩子打招呼,增加互动乐趣。对于幼儿喜爱的动画角色,我会主动了解相关内容,以便与幼儿分享共同话题,积极回应他们的情感需求。

2. 提供具体针对性反馈

当幼儿向我展示作品或成就时,我将给予具体而有针对性的夸奖,如"你画的这棵树颜色搭配得真好"或"你搭的积木很稳固,是怎么做到的?"通过表扬幼儿的具体做法与细节来鼓励其持续发展。此外,我会鼓励幼儿描述自己的作品或经历,并根据他们的描述提供反馈,以增强他们的自我表达能力和自信心。在幼儿展示绘本或玩具时,我会停下手中的工作认真倾听,通过提问和反馈展示我的兴趣与关注,如询问"这本书里讲了什么故事?"或"这个玩具是怎么玩的?"通过提问的方式支持幼儿与我进行更深入的交流互动。

通过深入对比三个保育员的期末总结反思,我们可以清晰地看到个人工作反思如何促使保育员建立专业发展的自觉意识。首先,工作反思使保育员能够全面审视自己在常规保育工作中的表现和存在的不足。例如,有的保育员意识到自己在注意力分配上存在问题,过于关注情绪波动大或能力稍弱的幼儿,从而无意间忽视了其他幼儿的需求。还有的保育员则发现自己在幼儿饮食习惯的细节管理上尚有提升空间,以及突发事件应对能力需要强化。这些自我认识促使保育员开始思考如何改进自己的工作方式,以更全面地照顾每一位幼儿;其次,通过反思,保育员能够明确自己的改进方向和具体策略。他们开始规划如何优化时间管理和路线规划,以确保餐食取送高效且无误;如何利用生活保育板块提醒幼儿过敏信息,以确保幼儿的安全与健康;如何优化观察策略,实现均衡关注,以及个性化调整睡眠环境,以满足幼儿的个体差异。这些具体的改进策略不仅有助于保育员提升工作效率,还能更好地满足幼儿的需求;此外,期末总结反思还促使保育员在保教融合工作中不断探索和实践。他们开始思考如何更好地将保育与教育相结合,以培养幼儿良好的行为习惯和自理能力。例如,通过设置各种标识和提示来引导幼儿自觉遵守常规，强化常规秩序；通过采用游戏化的方式引导幼儿逐渐学会自理，提高他们的自信心和动手能力。通过反思，保育员能够认识自身不足，明确改进方向，并在实践中不断探索和创新，这种自觉意识的形成有助于保育员个人的成长和发展，使他们能够更加主动地学习新知识、新技能，不断提升自己的专业素养。

可以看到，保育员分层式园本培训不仅是单纯的专业知识和保教技能的传授，它更深层地着眼于唤醒保育员的终身学习意识和自我提升的内在驱动力。在这样一个既富有挑战性又具支持性的学习环境中，保育员不仅能够获得必要的知识与技能，更重要的是，他们在引导中主动探索个人成长路径，形成自我反思与持续改进的习惯，逐渐认识到个人专业成长的重要性，形成了自我驱动的学习态度，从而建立了专业发展的自觉意识，不断追求更高的职业素养与服务质量。

第三节 保育团队成长为学习共同体

个人的成长离不开集体的支持，而集体的发展也依赖于每个成员的努力。在保育领域，一个高效的学习共同体不仅能够促进保育员的专业成长，还能增强团队的凝聚力，提升整体的服务质量。学习共同体意味着每个成员都视自己为持续学习者，并愿意与团队分享知识、经验和创新，激发团队的创造力，为儿童提供更全面、更个性化的保育服务。

一、保育管理者的专业引领

保育管理者的专业引领是保育团队转化为学习共同体的核心动力。保育管理者能够营造一个开放、包容、鼓励创新的学习氛围，有效激发保育员的学习热情与专业成长动力，使每位成员都能在持续学习与实践中不断提升。在此推动下，保育团队逐渐形成了资源共享、经验互鉴、共同进步的良好生态,真正实现从个体学习到集体智慧的飞跃,成为一个充满活力、高效协同的学习共同体。

团队的成长——"保育微视频"的创作之旅

面对日益年轻化的保育员团队和不断变化的学习需求,作为保教管理者,我深刻意识到传统的知识技能大赛已难以满足团队成长的需求。于是,我们创新性地引入了"保育微视频"大赛,旨在通过这一新颖形式,促进保育员的专业成长,同时构建一个充满活力的学习共同体。

- **初尝微视频创作:从个体到团队的探索**

起初,我作为微视频大赛的积极参与者,亲身投入"保育微视频"的创作。在拍摄过程中,我不仅是记录者,更是引导者和反思者。我选择午睡环节作为拍摄主题,依据保育手册和日常经验,精心策划拍摄内容,确保每个细节都能准确反映保育员的专业护理。在拍摄现场,我与团队成员紧密合作,共同构思每一个镜头。我们轮流担任导演、摄影师和演员的角色,相互协作,确保拍摄过程的顺利进行。每当遇到难题或困惑时,我们都会停下来,围坐一圈,共同讨论解决方案。这种即时的团队协作不仅解决了拍摄中的实际问题,也增强了团队的凝聚力和向心力。

在拍摄过程中,我们通过小组内部的头脑风暴和分享学习,不断优化拍摄方案,深刻体会到团队协作的力量。从最初的焦虑茫然到后来的有序淡定,我们不仅收获了成功的喜悦,更重要的是,我们的专业性得到了显著提升。

- **转型为组织者:深化拍摄目的,引领团队成长**

随着角色的转变,我成为保育教研组长,负责微视频大赛的整体策划和组织。这一次,我的站位更加宏观,注重整体把控和拍摄目的的深化。我与保育员深入沟通拍摄目标、内容和思维角度,确保拍摄内容能够真实反映保育工作的精髓。在拍摄过程中,我鼓励保育员自由分组,明确分工,发挥各自优势。擅长拍摄的保育员负责视频制作,经验丰富的保育员则负责脚本编写,各小组根据拍摄主题展开头脑风暴,不断优化拍摄方案。而这一次我发现,整个团队协作的氛围更加浓厚,各小组之间不仅相互学习、相互启发,还相互支持、相互鼓励。当某个小组遇到拍摄难题时,其他小组会主动伸出援手,提供技术和创意上的支持。这种跨小组的协作不仅加快了拍摄进度,也提升了作品的整体质量。

- 学习共同体的构建:从关注操作到关注幼儿与教育

微视频大赛,让我见证了保育员视角的显著变化。从最初的关注操作细节,到后来的关注幼儿成长和教育理念的呈现,这一转变不仅体现在拍摄内容上,更体现在团队成员的思维方式和教育理念上。每次拍摄结束后,都会组织一次团队会议,对拍摄内容进行回顾和总结,大家畅所欲言,分享自己的感受和收获,同时也提出改进意见和建议。这种及时的反馈和评估不仅帮助我们不断完善拍摄方案,也促进了团队成员之间的深入交流和相互理解。

"保育微视频"大赛不仅是一次技能竞赛,更是一次团队成长的旅程。在这个过程中,我们构建了一个充满活力、相互支持的学习共同体。作为保教管理者,我深感欣慰和自豪。未来,我们将继续探索更多的创新形式,促进保育员团队的专业成长,为孩子们创造更加美好的成长环境。

保育的智慧——"保育金点子"的诞生

2022年,上海市首批保育带头人工作室成立,我有幸入选,这让我感到身上肩负了更重的责任。在日常观察中,我发现保育员们虽然工作勤勉、尽心尽力,但面对繁杂的保育任务,往往难以做到有条不紊,显得有些力不从心。我意识到,保育工作不应仅仅被视为琐碎的日常,而应该在实践中通过不断探索、优化，逐步形成高效、系统的工作体系。

为了提升保育工作的质量和效率，我决定从管理者的角度出发，引领保育团队走向一个全新的发展模式——构建学习共同体。于是，"保育工作金点子"项目应运而生。这一项目旨在激发保育员们的智慧与创造力，鼓励大家分享优秀的保育经验，共同优化保育实践。

- **金点子的孵化与完善**

在项目启动初期，我组织了一次团队动员大会，明确提出了"保育金点子"项目的目标和意义。保育员们积极响应，纷纷表示愿意贡献自己的力量。为了确保项目的顺利进行，我们成立了专项小组，由几位经验丰富的保育员担任组长，负责协调和监督项目的进展。

接下来，我们进入了金点子的征集阶段。为了鼓励大家积极参与，我们设立了奖励机制，对提出优秀金点子的保育员给予表彰和奖励，这一举措极大地激发了大家的创造力，保育员们开始踊跃提出自己的见解和创意。在征集到的众多金点子中，我们进行了初步筛选，挑选出了一批具有可行性和创新性的方案。为了进一步完善这些方案，我们组织了多次小组讨论会。在会上，保育员们各抒己见，共同探讨方案的优缺点，提出优化策略。这种面对面的交流方式不仅促进了团队成员之间的了解和信任，也让金点子在碰撞中不断得到完善。

- **金点子的实践与应用**

为了确保金点子的有效实施，我们还制定了详细的实施计划。在实施过程中，团队成员分工明确，各司其职。有的负责实践的指导，有的负责金点子的落地执行，还有的负责金点子的监督和评估。大家紧密配合，共同努力，确保每一个金点子都能够得到充分的实践和检验。

在团队的共同努力下，我们的"保育金点子"项目取得了显著的成效。不仅优化了保育工作流程，提高了工作效率，还增强了保育员们的职业认同感和归属感。更重要的是，通过这一项目，大家意识到，集体的智慧能够让大家

> 日常的工作更得心应手,我们的团队也变得更有研究氛围了。
>
> 回望这段历程,我深感自豪与感激。正是有了这样一支年轻化、充满活力且热爱学习的保育员队伍,我们才能够携手共进,不断突破自我,取得一个又一个令人瞩目的成果。未来,我们将继续秉承"学习、分享、成长"的理念,共同书写保育事业的新篇章。

在这两篇案例中,可以看出保育管理者通过一系列创新性的引领措施,成功地将保育团队转变为学习共同体。在"保育微视频"的创作之旅中,管理者不仅亲自投身创作,还通过团队协作和即时反馈机制,激发了保育员的学习热情和创造力,促进了团队成员间的深入交流和相互理解。而在"保育金点子"项目中,管理者更是从实践出发,通过组建专项小组、设立奖励机制、组织小组讨论和实施计划等方式,鼓励保育员分享智慧、优化实践,并在日常工作中积极应用金点子,从而提升了保育工作的质量和效率。

在保育工作中,管理者的专业引领与保育员的积极参与相辅相成,形成了一股强大的正向循环力量,共同推动着保育实践的深化与创新。保育管理者通过其深厚的专业知识和前瞻性的管理策略,有效促进了团队内部的知识共享与宝贵经验的交流互动,这一过程不仅加速了个人技能的提升,也极大地增强了团队成员间的相互了解和信任,成员们乐于分享、勇于探索,持续不断地在保育实践中寻求优化与创新,形成了一个既追求专业卓越又注重团队协作的良性循环,为整个保育团队构建了坚实的团队凝聚力和向心力。

二、培训参与者的协同发展

保育员的工作以实际操作为主,相较于理论学习,更侧重于解决实际工作中遇到的问题。这需要整合团队的经验和智慧,探寻更简便、更高效、更专业的操作方法。因此,我们基于不同层级保育员的专业发展差异,通过分层式的园本培训,将这些差异转化为资源,并合理利用。在培训活动的组织过程中,我们有效联动不同层级的保育员,促使他们形成学习共同体,共同进步。培训结束后,保育员积极撰写感想,深化了他们对培训内容的理解,也有助于他们在实际工作中更好地应用所学知识。对于园所而言,这些感想不仅是评估培训效果的重要参考,也为优化未来的培训计划提供了宝贵的一线反馈。

- **理论知识的运用**

  通过参与有关幼儿年龄特点的深度培训,我对幼儿的心理与生理发展有了更为全面且细致的理解。培训不仅覆盖了幼儿在不同年龄段的行为特征、认知发展以及情感需求的理论知识,更侧重于将这些宝贵的知识转化为日常保育实践中的具体行动,以更好地引导和支持幼儿的健康成长。在培训过程中,我深刻体会到每位保育员都有其独特的专长和优势。有的保育员擅长细致入微地观察幼儿的行为模式,能够迅速捕捉到幼儿的微妙需求,如一个眼神、一个动作背后隐藏的情绪或需求;而有的保育员则擅长与幼儿建立亲密无间的沟通桥梁,能够用温柔的话语、耐心的倾听和恰当的引导方式,帮助幼儿清晰、自信地表达自我。通过团队的互助与合作,我们不仅分享了各自的经验和智慧,还共同探讨了在面对幼儿各种情况时更为有效的应对策略。例如,针对幼儿常见的分离焦虑问题,我们团队中的一位资深保育员分享了她独特的安抚技巧,如故事讲述、角色扮演等方式,帮助幼儿逐渐适应离开家人的环境,减轻分离带来的不安。这一策略在实践中取得了显著成效,不仅提升了幼儿的适应能力,也增强了我对幼儿情感需求的敏感度和应对能力。另外,我也深刻体会到团队协作和细节优化的重要性,这是我们提升专业素养、提高工作效率、为幼儿健康成长提供坚实支持的关键所在。

- **实践技能的提升**

  幼儿的生活中时刻面临着诸多不确定性,蒲医生告诉我们的这些小妙招,能够帮助我们在面对突发事件时,更加清楚、有效、快速地做出处理。讲到异物的突发事件时,我联想到了日常工作中的情景,感觉受益匪浅。中大班幼儿午餐就会吃到带刺的鱼,那么就可能出现鱼刺卡喉的突发事件。作为保育员,不仅要及时地发现,还要迅速地做出反应。根据严重程度,做出不同的处理措施:小鱼刺轻轻咳嗽,不要用力以免划破食道;大鱼刺,有痛感,需要就医;如果咽下去了,观察大便情况,有大便带血立即就医。听完案例分享后,大家都感到很有启发,我们自发地组织了一次小型的交流会,在这次会议上,分享自己在工作中遇到的类似情景以及解决问题的小技巧。面对共同的疑惑,我们没有选择孤军奋战,而是向经验丰富的保育员寻求指导,他们的经验为我们提供了新的视角和解决方案。我发现知识库的更新是一个持续的过程,在日常工作中,任何时候发现新方法,都可以及时地分享。

● 团队协作的增强

在第一次参与小组活动时,我们负责的是大班的早点和午点。当时还是一头雾水,只能跟着组长和副组长的步伐做视频。因为针对大班孩子,主要是培养他们的自主能力,我从中学到了很多让孩子自己动手做起来的好主意!在第二次视频制作时,我已经有了相当丰富的制作经验了,我负责把视频制作出来,然后大家按照我的版本来进行制作。在历经一次次的会议和整改之后,我再去请教"老法师"们的经验。在最后汇总阶段,我们对视频的每一个镜头都进行了检查和细致的打磨,力求在细节上做到完美。最终,我们以最规范的形式和标准的语言呈现出两段视频。在制作的过程中,尽管小组成员之间会有意见不合的时候,但是为了更好地呈现出精彩而又有价值的视频,我们还是团结一致,坚持到最后。也很感谢领导能给予我们这样的比赛机会,通过两次的视频比赛,我深深地体会到了拍摄和制作视频的不易,在视频制作方面有了很大的提升,也体会到了团队合作的重要性。虽然制作过程非常辛苦,但是现在回想起制作中的点点滴滴觉得非常快乐。希望这个经过我们不断修改、把控细节的午睡视频能够帮助到大家。

通过上述保育员培训后的感想，我们可以清楚地看到培训对保育团队成长的重要推动作用，尤其是它如何促使保育团队逐步转变为一个紧密协作、持续学习、共同进步的学习共同体。

首先，培训为保育员提供了全面且深入的理论知识。这些知识不仅涵盖了幼儿在不同年龄段的行为特征、认知发展及情感需求，更重要的是，它引导保育员思考如何将理论知识转化为实践行动。其次，培训中的实践技能提升环节，通过分享具体的案例和小妙招，增强了保育员应对突发事件的能力，保育员们自发分享工作中的情景与小技巧，这种互动与分享进一步加深了团队成员间的相互了解与学习。最为关键的是，培训中的团队协作与细节优化环节真正推动了保育团队向学习共同体的转变，面对众多想法，团队成员能够团结一致，最终形成了优秀的保育经验。互相学习才能共赢！这样的团队不仅能够更好地支持幼儿的健康成长，也能够在不断变化的教育环境中保持竞争力和创新能力。

向阳而生，寓意着每一位保育员都如同向日葵般，始终追随着教育的阳光，不断汲取知识的养分，用心血浇灌希望之花。专业发展的创新实践不仅提升了保育员的职业素养与专业技能，更促进了托幼机构整体教育质量的飞跃，为孩子们构建了更加科学、温暖、富有启发性的成长环境。

成就未来，则是我们对保育教育事业的美好期许。我们相信，通过持续的专业发展与创新探索，保育员将成为推动幼儿教育现代化不可或缺的力量，能够敏锐地捕捉教育动态，为培养身心健康、具备良好社会适应能力的未来公民奠定坚实的基础，这不仅是对孩子们负责，更是对社会、对国家未来的深刻承诺。

在此，我们鼓励每一位保育员继续秉持初心，勇于探索，不断前行。愿本书能如霞光般照亮你们专业成长的道路，向着更高的教育理想迈进，也期待在不久的将来，能见证更多关于保育员专业发展的新故事、新成就，书写孩子们的美好未来！

附 录

《保育员保教融合操作指引》

《保育员保教融合操作指引》是一个旨在促进保育员在日常工作中有效融合保育与教育的指导框架。这一指引的核心在于强调保育员不仅要关注幼儿的身体健康和日常照顾,还要积极参与到幼儿的教育过程中,实现保育与教育的有机融合。

为了全面提升保育员在保教融合方面的意识和能力,我园编制了《保育员保教融合操作指引》,为保育员提供"自我评估"的依据,使其能够对照标准进行自我反思和提升,同时也支持"他人互评",以促进相互学习和共同进步。考虑到保育员在不同职业发展阶段的能力差异,我们设计了递进式的发展路径,该指引针对职初期、发展期、成熟期三个职业发展阶段,细致地拟定了一日生活中各个环节的保教融合操作要点,确保每一层次能力的提升都建立在低层次能力的稳固基础上,鼓励不同阶段的保育员在原有的基础上找到新的努力方向,得到不断发展。保育员可以在常态化、过程性的自评和互评中,既看到成效,又发现问题,并进行针对性的提高,实现自我发展、自我超越。

《来园环节的保教融合操作指引》内容列举

	职初期	发展期	成熟期
环境准备		☐ 根据季节特征及本班幼儿成长特性,制作相应的生活版面 ☐ 合理规划幼儿入园生活动线,以幼儿视角摆放生活物品	☐ 积极收集并采纳幼儿的想法与意见,将其融入生活版面的创设中
来园接待	☐ 接待时热情礼貌、主动问好 ☐ 关注晨检结果,知道幼儿身体状况 ☐ 妥善保管幼儿带来的物品	☐ 配合教师接待,在教师与家长沟通时,积极与幼儿互动 ☐ 关注幼儿情绪表现与身体状态,向主班老师了解幼儿在家情况 ☐ 根据季节及气温,确保幼儿衣着适宜	☐ 接待幼儿时有意识对其进行文明礼貌习惯的培养,做到言传身教 ☐ 加强幼儿来园时的外伤检查,发现异常及时与主班老师沟通反馈

《餐点环节的保教融合操作指引》内容列举

	职初期	发展期	成熟期
餐前准备	☐ 为特殊需要幼儿分发适宜的餐点(体弱、肥胖、忌食等)	☐ 播放轻松悠扬的音乐,搭配温馨的布置,营造舒适的进餐氛围 ☐ 有意识地邀请有需求的幼儿提前准备(进餐慢、有忌口等)	☐ 有策略地组织餐前互动,激发食欲,开展食育活动
餐中照护	☐ 关注幼儿使用餐具的情况,指导其正确使用 ☐ 帮助指导特殊需要幼儿进餐	☐ 观察幼儿进餐时的需求和习惯,用合适的语言回应、指导 ☐ 用多种方法帮助进餐不良的幼儿进餐 ☐ 关注幼儿进餐时的反常表现(情绪变化、身体不适等)	☐ 结合幼儿特点进行进餐习惯的培养 ☐ 根据本班特殊需要幼儿的个别化进餐方案提供有针对性的指导
餐后护理	☐ 提醒幼儿咽完最后一口再离开座位 ☐ 提醒幼儿将餐具放入指定区域 ☐ 提醒帮助幼儿漱口、擦脸(冬季提供面油)	☐ 引导幼儿对餐具进行分类摆放 ☐ 指导幼儿自主漱口、擦脸	☐ 结合幼儿的特点,鼓励其主动参与、自主决定餐具的收纳方式

《盥洗环节的保教融合操作指引》内容列举

	职初期	发展期	成熟期
环境准备	☐ 设计简单清晰的提示性盥洗标识,便于幼儿理解遵循(洗手步骤提示、排队站位指引、物品摆放位置等)	☐ 营造便利、自然、安全的盥洗环境 ☐ 设计规则性标识,利用多样化设施设备,增加有意义的元素(注意安全、节约用水等)	☐ 根据班级幼儿的特点和需求,设计具有可互动性的盥洗主题版面
活动组织	☐ 利用提示性标识,指导幼儿遵循正确的盥洗行为,帮助其建立初步的卫生意识 ☐ 提醒幼儿不在盥洗室内奔跑、嬉戏、玩水等	☐ 有序引导或组织幼儿分批盥洗,合理安排等待时间 ☐ 观察幼儿的盥洗行为与卫生习惯,引导其维护盥	☐ 根据幼儿的需求,以适宜的方式介入指导,鼓励幼儿独立完成盥洗,培养其生活自理能力

职初期	发展期	成熟期
☐ 及时回应并协助幼儿按照正确步骤完成盥洗 ☐ 照护中注意巡视,并确保所有幼儿在视线范围内	洗室的整洁,减少安全隐患(甩干小手、物品归位等)	和良好的卫生习惯

《如厕环节的保教融合操作指引》内容列举

	职初期	发展期	成熟期
环境准备	☐ 设计简单清晰的提示性如厕标识,便于幼儿理解遵循(如厕流程、穿脱步骤、站位排队等)	☐ 创设便于操作、具有心理舒适感的如厕环境	☐ 根据班级幼儿的特点和需求,设计可互动性的如厕主题版面
活动组织	☐ 利用提示性标识,指导幼儿的如厕行为,初步培养其良好的生活习惯 ☐ 提醒幼儿不奔跑、推挤、嬉戏等 ☐ 关注幼儿如厕情况,及时处理幼儿的需求(穿脱衣裤困难、尿湿等),发现问题及时向主班教师反馈	☐ 有序引导或组织幼儿分批如厕,避免等待和拥挤 ☐ 关注幼儿便色,了解其身体状况,能够采取一定的措施 ☐ 用尊重、接纳、平和的语言指导或回应幼儿的需求,培养其掌握自我服务的方法(穿脱衣裤、擦屁股等)	☐ 根据幼儿的年龄特点和发展需求,开展有针对性的指导,培养其独立如厕的能力 ☐ 关注有特殊需求的幼儿,利用多种方式建立轻松的心理氛围

《喝水环节的保教融合操作指引》内容列举

	职初期	发展期	成熟期
环境准备	☐ 设计简单清晰的饮水指引标识,便于幼儿理解遵循(喝水记录、姓名标签、排队站位)	☐ 创设具有情境性的饮水环境,增加有意义的元素,激发幼儿饮水的积极性	☐ 设计可互动性的饮水环境,培养幼儿参与自我照护的意识(记录饮水次数等) ☐ 鼓励幼儿参与放置水杯的环节

续 表

	职初期	发展期	成熟期
活动组织	☐ 站于茶水桶旁,关注幼儿的接水行为,确保饮水过程有序进行 ☐ 提醒幼儿坐好后再饮水 ☐ 幼儿打翻水杯后帮助或指导其及时处理	☐ 指导幼儿有序排队饮水,养成良好的行为习惯 ☐ 帮助幼儿了解自己的饮水需求,引导幼儿按需饮水,增强其主动饮水的意识	☐ 用多种形式培养幼儿爱喝水的好习惯 ☐ 关注幼儿的个别需求,对其进行饮水行为习惯的指导(不愿意饮水、不会使用杯子等)

《午睡环节的保教融合操作指引》内容列举

	职初期	发展期	成熟期
睡前准备	☐ 根据天气合理调节室内温度 ☐ 提醒幼儿如厕,做好睡前检查(口腔无食物、身上无物件、床铺无隐患)	☐ 利用适宜的音乐或故事,营造轻柔、舒适、放松的午睡氛围 ☐ 根据幼儿体质和个别需求,合理安排午睡位置 ☐ 关注幼儿个体差异性,耐心陪伴入睡困难幼儿,并用适宜的方式引导幼儿入睡	☐ 用多样化的方式引导幼儿正确穿脱衣物,培养幼儿的生活自理能力 ☐ 有意识地引导幼儿独自入睡,帮助其养成规律的睡眠习惯
睡中巡视	☐ 提醒幼儿睡觉时不遮盖头和脸,引导其保持正确睡姿 ☐ 每15分钟巡视一次,观察幼儿午睡时的面色、呼吸、睡姿等情况	☐ 陪伴安抚幼儿的焦虑情绪,给其安全感 ☐ 发现惊哭、尿床等幼儿,及时采取个别化的措施 ☐ 关注幼儿尿床情况,了解原因,能够根据具体情况提供改善策略	☐ 关注有特殊需求幼儿的午睡状态(入睡困难、容易惊醒等),灵活采用适宜的方式提供支持,并给予心理安抚 ☐ 帮助幼儿改善不良的午睡习惯(使用安抚物品、玩弄手、踢被、自言自语等),培养幼儿自主入睡的习惯 ☐ 发现不肯入睡的幼儿,及时了解原因,如身体不适立即上报医务室

续 表

	职初期	发展期	成熟期
起床环节	□ 了解幼儿起床习惯，采取轻柔的音乐或轻拍的方式唤醒幼儿，避免突然的声响刺激	□ 鼓励幼儿自主穿衣，根据幼儿的发展需求，提供适宜的帮助	□ 关注出现异常表现的幼儿，及时了解原因，并与班级教师沟通 □ 特别关注赖床的幼儿，注意其身体状态

《运动环节的保教融合操作指引》内容列举

	职初期	发展期	成熟期
运动前准备	□ 了解运动场地、运动器械的安全度，配合教师摆放幼儿运动材料 □ 检查幼儿的服装配饰是否适合参加锻炼，便于运动	□ 根据幼儿体质情况增减衣物，增加舒适度	□ 根据幼儿的运动需求，创设参与自我照护的环境 □ 帮助幼儿了解运动规则，培养其自我保护意识
运动中照护	□ 通过观察面色、抚摸额头、颈背，了解幼儿的运动量和出汗情况，提醒并协助幼儿到休息区擦汗，必要时增减衣物 □ 提醒幼儿遵守运动规则、正确使用器械，做好运动时的安全护理 □ 关注幼儿身体状况，及时让幼儿补充适温适量的水分 □ 知道运动时的站位 □ 转换场地后及时清点人数	□ 关注幼儿的情绪和态度，鼓励其参与运动 □ 察觉幼儿的突发事件，并及时处理（呕吐、尿裤子等） □ 合理站位，确保全部幼儿在视线范围内 □ 根据天气情况，选择适宜的休息区，避免幼儿直吹风	□ 关注幼儿的身体状态，调整照护策略 □ 帮助幼儿了解自己的身体感受（出汗量、冷热温度、疲劳程度等），引导幼儿采取相应的措施，培养其自我照护的能力 □ 配合与实施特殊需求幼儿的个别化运动方案，灵活调整运动强度，对其进行有策略的指导 □ 配合班级教师，灵活调整站位
运动后护理	□ 协助整理运动器具 □ 协助教师引导幼儿有序休息，做好细致护理 □ 与老师一起帮助幼儿整理衣物 □ 根据出汗量为幼儿更换汗	□ 关注幼儿身体状况，特别是体弱幼儿，汗干后为其及时增加背心或外套	□ 与班组教师交流沟通幼儿运动情况，了解幼儿的生长发育水平

续 表

	职初期	发展期	成熟期
	湿的衣物，防止着凉感冒 □ 运动结束后清点幼儿人数		

《分散性活动中的保教融合操作指引》内容列举

	职初期	发展期	成熟期
环境创设			□ 辅助教师制作玩教具
活动组织	□ 关注幼儿的生活需求，及时提供护理（盥洗、如厕、饮水等） □ 关注幼儿活动中的安全，及时向教师反馈 □ 活动结束时配合教师指导幼儿及时整理活动材料 □ 协助教师应对突发事件	□ 关注幼儿活动情况，鼓励幼儿积极参与	□ 关注幼儿的活动状态，用多样化的方式适时地给予支持 □ 有意识地培养幼儿收纳、整理等习惯 □ 活动后与教师沟通交流幼儿的活动情况（情绪状态、护理情况、安全问题等）

《离园环节的保教融合操作指引》内容列举

	职初期	发展期	成熟期
离园前准备	□ 检查幼儿面容、衣物，保持干净整洁 □ 协助教师检查幼儿需带回的物品，以免遗漏	□ 和教师简单沟通，反馈幼儿今日生活中的情况和问题	□ 在检查整理过程中，与幼儿进行一些适宜的互动
离园后整理反馈	□ 记录幼儿的一日生活情况 □ 检查幼儿的生活物品（衣服、鞋子、备用包）	□ 协助教师准备次日活动物品	□ 与教师进行一日活动的反馈与复盘

上海市托幼机构保育员园本培训的现状调查问卷
（保育员）

尊敬的保育员老师：

　　您好！首先非常感谢您抽出宝贵时间填写本问卷。本问卷的目的是帮助我们了解上海市保育员园本培训(您所在的幼儿园组织开展的培训)的现状。问卷不记名，答案无对错之分，请您认真如实填写，再次感谢您的支持与合作。

1. 您的年龄是：

   A. 20 岁以下　　B. 20—30 岁　　C. 30—40 岁　　D. 40 岁以上

2. 您的学历是：

   A. 初中　　　　B. 高中　　　　C. 中专　　　　D. 大专

   E. 本科

3. 您从事保育员工作的年限是：

   A. 小于 2 年　　B. 2—5 年　　　C. 5—10 年　　 D. 大于 10 年

4. 您目前的保育专业技能职称是：

   A. 未评　　　　B. 初级　　　　C. 中级　　　　D. 高级

5. 您的聘用方式是：

   A. 事业编制　　B. 外聘　　　　C. 后勤管理中心　D. 其他

6. 你目前所带班级孩子的年龄是：

   A. 托班 2—3 岁　B. 小班 3—4 岁　C. 中班 4—5 岁　D. 大班 5—6 岁

7. 从事保育员工作，您的感受是：

   A. 有很大压力，感觉力不从心

   B. 有压力，但基本可以胜任

   C. 虽然有压力，但可以做得更好

   D. 基本没有压力，可以从容应对

8. 在实际工作中，您最大的压力来源是(可多选)：

   A. 规范操作　　B. 理论掌握　　C. 幼儿指导

   D. 保教结合　　E. 家园沟通　　F. 没有压力

9. 您会感到有压力的主要原因是(可多选)：

A. 工作经验不够

B. 相关知识掌握还不够

C. 缺乏有效的参考对照指引

D. 其他

E. 没有压力

10. 对于日常规范操作,您的感受是：

A. 操作步骤我还不熟悉,容易遗漏

B. 虽然了解操作步骤,但总是记不住

C. 操作步骤清晰明了,我能熟练掌握

D. 操作内容及步骤多,希望能帮助梳理,获得进一步学习、指导

11. 对于日常理论知识掌握,您的感受是：

A. 熟悉掌握,能够对答如流

B. 熟悉掌握,但面对问题容易紧张遗忘

C. 知识点太多,记不住,容易混淆

D. 知识点难度高,希望帮助梳理,获得进一步学习、指导

12. 对于日常幼儿指导工作,您的感受是：

A. 能基于幼儿的年龄特点与个性特点,进行适宜的指导

B. 能用通用的方法进行指导,但不是任何时候都有用

C. 不知道如何指导,遇到情况会力不从心

D. 没有特别指导,由班级老师负责

13. 您所在的幼儿园保育员园本培训的负责人员是：

A. 园部分管领导　　B. 保健老师　　C. 保育管理专员　　D. 其他＿＿＿＿＿

14. 您所在的幼儿园是否针对保育员园本培训,设置了相应的激励措施：

A. 有,我很清楚　　　　　　　　B. 有,但是我不是很了解

C. 没有　　　　　　　　　　　　D. 不知道

15. 您所在的幼儿园是否针对保育员园本培训,设置了相应的效果考核措施：

A. 有,我很清楚　　　　　　　　B. 有,但是我不是很了解

C. 没有　　　　　　　　　　D. 不知道

16. 您参加幼儿园开展的保育员园本培训的频率是：

A. 每学期 1—2 次　B. 每学期 3—4 次　C. 每学期 4—6 次　D. 更多

17. 请选出您参加过的保育员园本培训的内容选项(可多选)：

A. 教室环境、物品的保洁与消毒

B. 传染病的处理和预防

C. 特殊幼儿的护理(过敏与忌食、超重、肥胖、发育不良)

D. 班级突发情况的处理

E. 教育理论知识

F. 保教融合实践

G. 家园沟通

H. 其他未涵盖内容(请罗列)_____

18. 有关保育的业务培训，您更倾向的内容是：

A. 规范操作技巧

B. 教育理论知识

C. 保教融合的案例分析

D. 家园沟通技巧

E. 其他(请罗列)_____

19. 您所在的幼儿园保育员园本培训的方式是(可多选)：

A. 讲座

B. 案例分享

C. 技能比武

D. 视频学习

E. 观摩交流

F. 师徒带教

G. 其他未涵盖方式(请罗列)_____

20. 有关保育的业务培训，您更倾向的途径是：

A. 理论学习

B. 现场演练指导式学习

C. 师徒带教式学习

D. 制作成图文并茂的操作指引手册自学

E. 其他（请罗列）_____

21. 您觉得目前接受到的保洁消毒的规范化操作培训学习，对您的实际工作：

A. 帮助很大，能马上应用

B. 有一定帮助，部分内容能应用于实践

C. 帮助一般，只有少量内容能用于实际操作

D. 没有帮助，培训内容脱离实际，缺乏指导意义

22. 您觉得目前接受到的保教融合培训学习，对您的实际工作：

A. 帮助很大，能马上应用

B. 有一定帮助，部分内容能应用于实践

C. 帮助一般，只有少量内容能用于实际操作

D. 没有帮助，培训内容脱离实际，缺乏指导意义

上海市托幼机构保育员园本培训的现状调查问卷
（保育管理人员）

尊敬的保育管理老师：

　　您好！首先非常感谢您抽出宝贵时间填写本问卷。本问卷的目的是帮助我们了解上海市保育员园本培训（您所在的幼儿园组织开展的培训）的现状。问卷不记名，答案无对错之分，请您认真如实填写，再次感谢您的支持与合作。

1. 您从事保育管理工作的年限是：

   A. 1—3 年　　　　B. 4—5 年　　　　C. 5—10 年　　　　D. 10 年以上

2. 您所在的幼儿园保育员老师的聘用方式是：

   A. 事业编制　　　B. 外聘　　　　　C. 后勤管理中心等　D. 其他

3. 您所在的幼儿园保育员老师的配班比是：

   A. 一班一保　　　B. 两班一保　　　C. 其他（请说明）

4. 您所在的幼儿园保育员园本培训的负责人员是：

   A. 园部分管领导　B. 保健老师　　　C. 保育管理专员　　D. 其他

5. 您所在的幼儿园保育员园本培训制度：

   A. 十分健全　　　B. 比较健全　　　C. 不健全

6. 您所在的幼儿园保育员园本培训经费的使用管理制度：

   A. 十分健全　　　B. 比较健全　　　C. 不健全

7. 您所在的幼儿园保育员园本培训档案的管理制度：

   A. 十分健全　　　B. 比较健全　　　C. 不健全

8. 您所在的幼儿园保育员园本培训激励制度：

   A. 十分健全　　　B. 比较健全　　　C. 不健全

9. 您所在的幼儿园保育员园本培训效果考核制度：

   A. 十分健全　　　B. 比较健全　　　C. 不健全

10. 您所在的幼儿园开展保育员园本培训的频率是：

    A. 每学期1—2次　B. 每学期3—4次　C. 每学期4—6次　　D. 更多

11. 请勾选出您所在的幼儿园开展过的保育员园本培训的内容选项（可多选）：

A. 教室环境、物品的保洁与消毒

B. 传染病的处理和预防

C. 特殊幼儿的护理(过敏与忌食、超重、肥胖、发育不良)

D. 班级突发情况的处理

E. 教育理论知识

F. 保教融合实践

G. 家园沟通

H. 其他未涵盖内容(请罗列)_____

12. 您所在的幼儿园保育员园本培训的方式包括(可多选):

A. 讲座

B. 案例分享

C. 技能比武

D. 视频学习

E. 观摩交流

F. 师徒带教

G. 其他未涵盖方式(请罗列)_____

保育员专业化发展现状与需求调查

1. 请勾选出您认为属于自己日常工作内容的选项(可多选)：
□教室环境与物品的保洁与消毒
□幼儿物品的整理
□保障幼儿在园一日生活与学习中的安全
□班级突发事件的协作处理
□幼儿进餐、午睡环境的创设
□特殊儿童的个别化保教工作
□培养幼儿的自主性
□组织幼儿饮水、盥洗、午睡活动
□培养幼儿良好生活、运动习惯
□协助幼儿园保健室进行幼儿身体情况的护理观察与体检工作
□在保健老师的指导下做好常见病、传染病的预防工作
□在保健老师的指导下做好传染病发病班检疫期的保洁与消毒工作
□与家长沟通幼儿在园的生活方面的情况

2. 在物品的保洁与消毒工作中，你觉得自己还需要改进的地方有哪些？在改进的过程中遇到什么困难？

3. 在进餐保育过程中，你觉得自己还需要改进的地方有哪些？在改进的过程中遇到什么困难？

4. 在饮水保育过程中，你觉得自己还需要改进的地方有哪些？在改进的过程中遇到什么困难？

5. 在盥洗如厕保育过程中，你觉得自己还需要改进的地方有哪些？在改进的过程中遇到什么困难？

6. 在午睡保育过程中,你觉得自己还需要改进的地方有哪些? 在改进的过程中遇到什么困难?

7. 在运动保育过程中,你觉得自己还需要改进的地方有哪些? 在改进的过程中遇到什么困难?

8. 在常见病、传染病的识别与预防工作中,你觉得自己还需要改进的地方有哪些? 在改进的过程中遇到什么困难?